ベーシックインカム×MMT^{現代貨幣理論}
でお金を配ろう

誰ひとり取り残さない経済のために

スコット・サンテンス

朴 勝俊〈訳〉

那須里山舎

CONTENTS

日本語版への序文　2
凡例　6

はじめに　7

魔法の浴槽　12

産出量ギャップと生産能力の活用　18

インフレ、インフレ、インフレ　24

見えない税金　34

お湯を抜く　39

最適な排水口（ドレイン）　47

テスラ・フォー・オール　52

子どもを働かせる名刺の話　59

ブルシット・ジョブ問題　65

過剰正当化効果　69

スプーンやシャベルの代わりにロボットを　73

労働時間を減らして成果を上げる　76

雇われていなくても非生産的ではない　79

MMTに足りないもの　82

結論　89

翻訳者あとがき　96

日本語版への序文

日本の読者の皆様、

　私が書いた本が翻訳されて日本で出版され、私の言葉が日本語でお届けできるようになったことは、とても光栄なことです。本書を手にとって、私が言葉を紡（つむ）ぐのに費やした時間と労力に報いてくださる読者のみなさんに感謝を申し上げます。この本は、主に米国を念頭に置いて書かれたものです。ですが一方で私は、自（みずか）らおカネを創り出して使っている国ならどこでも、おカネの仕組みは本当にこの本に書かれているとおりなのだと、世界中の人々に理解してもらいたいとも思っていました。そのような国には、もちろん日本も含まれます。

　ほとんどの人は、おカネの仕組みをよく知らないようです。そして、ある程度のおカネが全ての人々に無条件に与えられたら何が起こるのかについても、ほとんど理解していないようです。ですから、この本を通じて、人間が創り出した道具としてのおカネそのものについてと、無条件のベーシックインカム[*1]という考え方について、より深いレベ

ルで理解してもらえるよう願っています。人権を尊重し、自国の資源や技術、知識、そして人々の潜在能力を、最大限に発揮させようとしている国々にとって、ベーシックインカムはその基盤となるべきものなのです。

　本書を執筆した時点では、まだ世界中で激しい物価上昇は起きていなかったので、いまのインフレをめぐる不安をよりよく把握できるよう、次のように補足しておきます。現在、2022年秋において、世界各国が直面している物価上昇の大部分は、供給側の撹乱（かくらん）が相次いで起こったことと、過剰な強欲、そして企業の利潤獲得の結果です。これらによって、消費者の需要を満たす経済力は低下し、商品市場で投機が加熱し、利益をさらに増やすための便乗（びんじょう）値（ね）上げ（あ）が進んだのです。コロナ禍と、ロシアのウクライナ侵攻、ジャスト・イン・タイム生産方式の負の側面としてのグローバル・サプライチェーンの脆（もろ）さ、そして政府が適切な対応をとらなかったこと、こうしたことが組み合わさって、激しい物価上昇の連鎖反応が起こり、2022年をつう

じて多くの国々を苦しめることになったのです。政府が取らなかった対応とは、例えば「タナからボタモチのような企業利益」に対する課税 (タナボタ利益課税、windfall tax)や、極めて裕福な消費者に対する増税などのことです。

あまりにも多くの人々が、たくさんのおカネが創られて、消費者に配られて、基本的なモノやサービスに支出されたせいで、インフレが起ったのだと勘違いしています。だからこそ、できる限り多くの人々に、ひとつ前の段落に書いたことと、本書の内容を理解してもらう必要があるのです。政府が、適切なものに適切な方法で十分に課税しないかぎり、そして需要を満たせるよう経済の生産能力を高めることを十分に重視しないかぎり、インフレをうまく管理することはできません。そして、国民にベーシックインカムを支給することを政府が避け続けているかぎり、可能な限りの経済成長を実現させるのに十分な需要は生まれませんし、経済不安と物価上昇の両方から最も打撃を受けている低所得者層や中間層に対する保護も、十分にはなされないでしょう。

人類は、おカネは自分たちが作り出した道具だというこ

とを忘れてしまいました。しかし、本当におカネは拵え物の道具にすぎないのです。道具とは、人間に奉仕すべきものであって、人間が奉仕すべきものではありません。重要なのは、人類がその道具を使って何を成し遂げられるかということです。私は固く信じています。おカネは道具にすぎないということを、私たちが今こそ心に刻むことができれば、人類は、もっと大きな事を成し遂げられるはずです。ただしその道具とは、人類みんなの利益になるよう、そして人類の文明が単なる生き残りから真の繁栄へと移行できるよう、一人一人が無条件に手にすべきものなのです。

　すべての人々の手におカネがありますように。そして人類がついにお金の束縛から解放されますように。

スコット・サンテンス

2022年9月

凡例

＊本書は、Let There Be Money：
　Understanding Modern Monetary Theory
　and Basic Income（2021）の全訳である。
＊円換算の金額は、2022年12月2日の為替レート
　（1ドル＝135円）を目安に計算している。

は じ め に

　はじめに人様は仰せられました、「おカネあれ」と。すると、おカネが生まれました。何世紀も後の2020年3月27日、米国政府は「コロナウイルス援助・救済・経済安全保障法」を成立させ、**誰からも税金を取ったり借り入れをしたりせずに、何もないところからおカネを生み出して2兆ドル〔270兆円〕以上もの財政支出をしました。**その中には、大人には1200ドル〔16万2000円〕の、そして子どもには500ドル〔6万7500円〕の景気刺激小切手が含まれていました。さらに9カ月後、「統合歳出法」によって、これまた誰からも税金を取ったり借り入れをしたりせずに、9000億ドル〔約122兆円〕が支出されました。これには大人と子どもひとり当たり600ドル〔8万1000円〕の景気刺激小切手が含まれていました。そしてさらに3カ月後、「アメリカ救済計画法」によって、誰からも税金を取ったり借り入れをしたりせずに、1兆9000億ドル〔約257兆円〕の財政支出がなされました。加えて、大人と子ども1人当た

7

り1400ドル〔18万9000円〕の景気刺激小切手が出されました。今度は、子ども一人当たり250ドル〔3万3750円〕から300ドル〔4万500円〕が6ヶ月ごとに払い込まれることとなり、7月にその最初の1回目が実施されました。つまり、1年もたたないうちに、1兆ドル〔135兆円〕もの現金が、**アメリカのおよそ85％の人々**の銀行口座と郵便受けに、無条件で、じかに送られたのです。

　政府は「財源を調達した」わけではありません。ただ支出をしただけです。私が思うに、このことは、直接の現金給付が有効だったことや、科学や公衆衛生を政治的に利用することが危険だということ以外に、私たちが新型コロナウイルスの大流行（パンデミック）から学んでおくべき大きな教訓です。**アメリカの人々がおカネを必要としていたから、政府は何もないところからおカネを作り出したのです。**大事なのは、これは新しいことではないということです。そもそも自国通貨を発行している国では、おカネというものはこのように生まれるものなのです。

　この事実は最近では、あまり秘密のことではなくなりました。**アメリカ政府は税金で支えられているわけではありません。**政府は通貨を無から創り出します。支出によっておカネを生み出すのです。税金とは何かといえば、それは

（とくに）おカネの価値を維持するために、世の中に出回っているおカネ（マネーストック[*1]）から、その一部を取り除くものなのです。暗号資産（仮想通貨）に熱中している人々に分かりやすいように言うならば、米ドルではミント（鋳造・発行）してバーン（焼却）する方式[*2]が採用されているわけです。その行き先となる「アドレス」が内国歳入庁（IRS. 日本の国税庁にあたる機関）なのです。

　要するに「おカネのなる魔法の木」は実在します。すべてのおカネは人間が発明したものであり、作り出せるおカネの量には、本当に限界がありません。しかし、どの時点においても、おカネと交換できるモノやサービスの量には限界があります。その限界は現実のもので、つねに変化するものです。それは、その時点における需要に応じた供給を行うための、利用可能な天然資源や、人間の労働、機械の働き、知識、技能、時間、エネルギーなどの量によって決まります。本当に重要なのは、おカネではなく、おカネで測られるモノのほうです。おカネは、交換されるモノを大まかに測るための、人間の拵え物にすぎません。課税も

---

*1　（訳注）原語はmoney supplyですが、現在の日本ではこれはマネーストックと
　　呼ばれています。
*2　参考:masterthecryptoの記事
　　https://masterthecrypto.com/coin-burning-what-is-coin-burn/

重要であり、それには色々な理由があります。でも、通貨を発行する政府にとって、財政支出ができるようにすることは、課税が必要な理由には含まれません。これが**現代貨幣理論** (MMT) として知られるものの核心です。

　従来の考え方では、アメリカ政府が財政支出を行おうとすれば、まず税金や借り入れでおカネを手に入れる必要があるとされていました。それに対してMMTでは、政府はまずおカネを支出し、そのあとで循環しているおカネを取り除くために、課税や借り入れを行うとされています。ちょっとした違いのようですが、私はここが非常に重要な点だと信じるに至りました。この違いを認識することが、本当の意味での**ベーシックインカム** (BI、これよりBIと表記します) の導入を含む、より良い未来への道につながるのです。それは、アラスカで実施されている年間配当のようなものですが、毎月、より多くの金額が支給されるもので

---

*3　(訳注) ベーシックインカム世界ネットワーク (BIEN) の定義によれば、ベーシックインカム (BI) とは、すべての人に、個人単位で、資力調査や労働要件を課さずに無条件で定期的に給付されるお金です。すなわち、ベーシックインカムには以下の5つの特徴があります： [1].定期的 (一回限り一括ではない)、[2] 現金給付 (現物やバウチャーではなく、何に使うのも自由)、[3].個人単位 (世帯単位などではない)、[4].普遍的 (資力調査なし)、[5].無条件 (就労や求職などを条件としない)。本書の原典では、ユニバーサル・ベーシックインカム (UBI) の語が使われていますが、これは上記の定義を満たすものです。

す。つまり、物価安定目標を超えない範囲で、できる限り大きな金額です。

　私は、記述的な理論としてのMMTに反対したことはありません。ただし、長いあいだ、連邦政府の財政支出や課税に関する別の見方を与えてくれるものにすぎないと考えていました。しかし2020年（コロナ禍）を経験し、ステファニー・ケルトンの著書『財政赤字の神話』（邦訳は土方奈美訳、早川書房、2020年）を読んで、MMTこそがBI実現の鍵であり、ひょっとすると唯一の道かもしれないと思うようになりました。

　では、ここからMMT-BIの旅を始めましょう。最後までたどり着くには時間がかかると思いますが、まずは最初に、ひとつの、奇妙な浴槽を想像してみましょう・・・。

魔法の浴槽

　ひとつの浴槽を想像してください。私たちの目標は、お湯をあふれさせずに、できるだけこの浴槽を満タンにすることです。浴槽に注ぎ込むお湯は政府の支出を、排水口（ドレイン）から流れ出すお湯は徴税を表しています。この浴槽は経済を表現していて、ここからお湯があふれることはインフレ（物価上昇）を意味します。注ぎ込まれるお湯の量が、流れ出す量よりも多ければ、水位が上がります。財政赤字とはこのようなもので、支出の方が税収よりも多いということです。そして、政府の赤字は民間の黒字です。均衡予算とは、お湯の流入量と流出量を一致させ、水位を一定に保つことです。浴槽が満杯ならば、そうした方がよいでしょう。でも、そうでない場合は、お湯を注ぐ量を増やすか、抜き取る量を減らすかして、浴槽を満杯にする方が合理的です。

　では「国債」とは何でしょうか。これは、別の形に変えられたお湯のことです。私たちにそうする必要があるから

ではなく、投資家たちがそれを求めているために、形を変えてあげたお湯です。これは氷のようなものです。国債は家計の借金とは全く違います。これは政府が発行した**資産**です。赤字財政支出で生まれた1ドルのおカネは、国債（すなわちビル、ノート、あるいはボンドと呼ばれる財務省証券）という、別の形をした1ドルのおカネと交換されるのです。これは、リスクを避けたい貯蓄者のための定期預金のようなものです。もし「国債」が全部なくなれば、こうした極めて安全な定期預金もすべてなくなってしまいます。国債についてよく理解したい読者は、あとでスティーブ・ロスさんの記事を見てみてください。[*4] でも今は、浴槽に注目することにしましょう。

　いっぱいにした浴槽は、最大限の能力を発揮している経済状態です。すべてのリソース（労働力や機械などの資源）は、最先端のテクノロジーを駆使して、最も効率的な方法で用いられています。オートメーションも最大限に活用されています。生産的な仕事ができる人はみんな、有給か無給かを問わず、働いています。やる気いっぱいで、自分の

---

*4　Roth, Steve (2016) Isn't it Time to Stop Calling it "The National Debt"? How about Government-Issued Assets instead?, *evonomics* https://evonomics.com/isnt-time-stop-calling-national-debt/

技能を活かしています。それも、最も効率がよくなる時間だけ働きます。人々がいちばん欲しがるような、いちばん価値を認めるようなモノやサービスを、最高の品質でたくさん作ります。そして、生産されているものを最大限に消費しつつ、それに必要な資源の消費量や環境破壊は最小化しています。このように経済が完全に機能している理論上の経済状態では、お湯をあふれさせることなしに、何かを増やすことはできません。

　ただし、この浴槽にはもうひとつ重要な特徴があります。これはただの浴槽ではありません。どんどん大きくなっていく、特別な浴槽なのです。お湯を張ると、浴槽が膨らみます。浴槽は、いわば「適応する複雑系[*5]」であり、**進化する**ものなのです。企業は、来てくれたお客さんを逃がすことを、嫌がるものです。消費者の要望に応じて商品を売ることができない場合には、投資を行って生産能力を拡大し、お得意さんや新規のお客さんの注文に応えられるようにします。浴槽のお湯の量が、その成長を促すのに十分ではない場合には、たいていは消費者の購買力の不足のせい

*5　Beinhocker, Eric (2007) The Origin of Wealth, HEEDnet Seminar, DEFRA, 26 Nov. 2007
　　http://www.neweconomicthinking.org/downloads/HEEDnet Seminars_Eric_Beinhocker.pdf

で、需要が不十分なのです。現在の湯量と、浴槽いっぱい
の湯量との差が、**産出量ギャップ**として知られているもの
です。

産出量ギャップと
生産能力の活用

　インフレの話をするときは、必ず産出量ギャップの話も
するべきです。これは実際のGDPと潜在的なGDPの差（つ
まり浴槽に入っている湯量と満タンに入りうる湯量との差）と定
義されます。インフレは、単純にお湯の量が多すぎること
の結果ではありません。浴槽の最大成長率に基づいて、入
れる湯量と抜き取る湯量を考慮した上で、なおかつ入れる
湯量が多過ぎることが原因なのです。重要なのは、注ぎ込
むお湯の量を増やしても、浴槽が成長すれば、必ずしも溢
れるとは限らないということです。余分に注がれたお湯は
浴槽を成長させるので、注ぐ量を成長速度に合わせれば、
満杯の状態を維持しながら浴槽を大きくしてゆけるわけで
す。これが本当の意味での、理論上の100％の経済能力^{キャパシティ}で
す。これを実現するためには、常に注ぎ込む湯量を抜き取
る湯量よりも多くする必要があります。つまり、**真の最大
限の経済キャパシティを達成するためには、実際には、財
政支出額を徴税額よりも、つねに多くしておく必要がある**

のです。

　では、真の最大キャパシティに達するまでに、政府の蛇口から浴槽にお湯をどれだけ注ぎ込むことができるでしょうか。 1番目に考えておくべき重要な点は、浴槽がもうひとつあるということです。これを外国の浴槽と呼びましょう。アメリカの浴槽に入ってくるお湯よりも、外国の浴槽に出て行くお湯の方が多いと、貿易赤字になります。貿易赤字は本質的にみれば、よその浴槽へとお湯が逃げてゆくことなので、物価下落を引き起こすもの (デフレ的なもの) です。外国の浴槽にお湯が流れれば、アメリカの浴槽のお湯が減るというわけです。

　2番目に考えておくべきことは、誰が何におカネを使ったかということです。学生ローンやクレジットカードの返済に使われるおカネは、物価上昇を引き起こすもの (インフレ的なもの) ではありません。むしろデフレ的なものです。なぜなら、銀行も誰かに融資するさいに、新しいおカネを生み出すからです。融資を1ドル返済すれば、税金を1ドル納めるのと同じように、おカネを1ドルだけ消してしまうことになります。税金は政府が作ったおカネを破壊します。また融資の返済は、銀行が作ったおカネを破壊します。どちらも、流通するおカネの総量を減らします。

インターネット・コンテンツなどに使われたおカネもインフレ的ではありません。これらは無限に複製できるからです。また、地面に埋まったおカネは、どんなに増えても物価上昇を引き起こしません。さらには、食べ物が廃棄されそうだったり、フードバンクに送られそうだったりするときに、その食べ物を買うおカネもインフレ的ではありません。食べ物がゴミになるのを防ぎ、食料品店の収入にもつながるので、とても意味があります。**おカネがどこに行くかは、単純におカネを生み出すことよりも、はるかに重要なことなのです。**

本当にインフレ的な支出は、特定の需要に供給で応える経済の力を上回るような支出だけです。そのため、物価上昇は供給問題の結果であることが多く、一般に信じられているほどには、おカネの量そのものが原因ではないのです。また、不労所得（レント）の搾取の結果として、価格上昇が起こる分野もあります。エピペンやインスリンのような薬剤の価格が上がるのは、知的財産権の独占が原因であって、実際にエピペンやインスリンの製造能力が足りないからではありません。知的財産権は、わざと価格をつり上げるために、本当の限界以下よりも供給量を人為的に抑制する方法のひとつです。それはしばしば、犯罪とみなさ

れるぐらいまで値段をつり上げることもあります。それは
インフレではありません。それは強欲というものです。[*6]

　経済用語には稼働率（かどうりつ）というものがあります。これは、供
給の天井にぶつかることなく、より多くのものを作り出す
余地が、どれだけあるかを測ろうとするものです。1973
年には、米国は89％の生産能力で操業していたと推定さ
れます。それからは稼働率が低下傾向にあります。パンデ
ミックの時の最低値が63％で、現在は76％まで戻ってい
ます。つまり現在でも、米国経済が停滞し、一部の部門で
は供給も抑制されているので、全体として100％の稼働率
とは言えないのです。ある特定の分野では最大限の能力が
発揮されているかもしれませんが、他の多くの分野では、
まだそれに近い状態ではありません。

　また、稼働率の低下傾向によって、米国の潜在GDPに
ついて下方修正が繰り返されています。経済学者がそれま
でよりも潜在GDPを低く予測したからといって、私たち
が以前と同じことを達成できないということにはなりませ
ん。とりわけ、黒人の失業率は10％を下回らないなどと

*6　Biohackers take aim at big pharma's stranglehold on insulin, *Freethink*
　　(video)
　　https://www.freethink.com/series/just-might-work/how-to-make-
　　insulin

図1：米国の稼働率（総合指数、%）

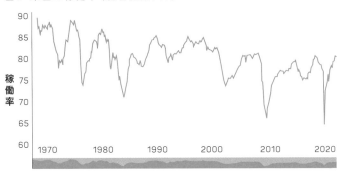

出典：セントルイス連銀（St. Louis Fed） https://fred.stlouisfed.org/series/TCU/

いうバカげた仮定を彼らがしている場合には、なおさらで
す。[*7]

　本当の問題は、所得が何十年も停滞し、消費者需要が減
少し、経済全体が減速し、その結果として経済学者が予測
を修正することです。下から9割の人々の消費者需要が、
増えるどころか減っているのに、生産能力の増強のための
投資が行われるはずがありません。生産性が着実に向上
し、技術進歩が加速しているにもかかわらず、経済学者た
ちは、2005年の予測で2015年には可能だろうと考えて

---

*7　Sahm, Claudia（2021）Racism skews our beliefs about what's
possible, *Stay-At-Home Macro*
https://stayathomemacro.substack.com/p/racism-skews-our-beliefs-
about-whats

いたことが、2022年になっても出来ないと言っているのです。これはとても奇妙なことです。

　それでは改めて問います。コントロールできないほどの全般的なインフレを起こさずに、本当の意味での100％の経済能力（キャパシティ）を達成できる財政赤字の金額は、いったいどのくらいでしょうか。Steineromics（スタイネロミクス）が第二次世界大戦の経験に基づいて簡単な計算を行った結果は、**GDPの27％、つまり年間およそ6兆ドル〔810兆円〕**というものでした。[8] これは、18歳以上のアメリカ人全員に対して、**毎年2万4000ドル〔324万円〕**の小切手を切るのに十分な金額です。もちろんこれは、アメリカ政府が6兆ドルの財政赤字で行うことが、みんなに小切手を渡すことだけで、増税もせず、銀行がこれ以上マネーストックを拡大しない場合の話です。しかしこれは、連邦準備制度理事会 (FRB、アメリカの中央銀行) の物価安定目標を超えるような、全面的なインフレを引き起こすほどの財政赤字額が、実際にはどれくらいなのかを議論するための目安にはなるでしょう。

＊8　Steineromics (2019) Can the United States finance Democrats'
ambitious programs entirely with debt?
https://steinernomics.blogspot.com/2019/02/can-united-states-
finance-democrats.html

インフレ、インフレ、インフレ

　2020年に、米国政府は3兆1000ドル〔約419兆円〕もの財政赤字を出しましたが、その年の終わりには、前年の同じ時期と比べた物価上昇率は1.36％にすぎませんでした。連邦準備制度理事会（FRB）の物価安定目標は2％の物価上昇ですから、空前の規模の財政赤字でも、その目標に達しなかったわけです。それでも、これは異常なことではありません。また、FRBは**平均で2％**を追求しているので、何ヶ月かのあいだ物価上昇率が高いと思われることがあっても、3年間の長期平均が2％以下ならば、目標の達成にはさらなる物価上昇が求められます。

　さらに、中央銀行が回避しようとしている問題はインフレだけではありません。デフレ（物価下落）はインフレよりも良くないことと考えられています。[*9]なぜなら、デフレは

＊9　Jackson, Trevor (2020) Terminal Deflation is Coming, *Foreign Policy*, 29. Apr. 2020
　　https://foreignpolicy.com/2020/04/29/federal-reserve-global-economy-coronavirus-pandemic-inflation-terminal-deflation-is-coming/

おカネを使わないようにするインセンティブ（動機付け、誘因）を生み出し、企業に打撃を与え、解雇を引き起こし、所得を減らし、さらに消費を減らし、経済破壊の悪循環を作り出すからです。だからこそ中央銀行は物価安定目標を2％にしているのです。この水準は、熱すぎず、冷たすぎないインフレ率のようなものです。消費を促すインセンティブを与えつつ、ハイパーインフレと呼ばれる逆方向の悪循環を引き起こすほどではないと、考えられているものです。

　ただし、テクノロジーはデフレ的な力を持っています。[*10]テクノロジーが労働者の仕事を奪うと、より賃金の高い仕事をあらたに見つけられない人々の支出が減少します。これが、FRBが2％の物価安定目標を実際に達成することが難しかった理由の一部です。だからこそ、財政赤字を出して通貨供給量を増やし、じかに個人消費を増やす必要があるのです。デフレ的な環境においては、ある程度のインフレ圧力は、有害なものではなく、むしろ有益なものです。

　2％の物価上昇率が最適だという意見にも、完全な合意

＊10　Hall, Jordan (2016) An exciting new idea in Basic Income, *Emergent Culture*
https://medium.com/emergent-culture/an-exciting-new-idea-in-basic-income-b1b7bf622845

があるわけではありません。FRBが景気後退を防ぐために効果的な介入ができるよう、大幅な金利引き下げの余裕をつくるために、物価安定目標を3％ないしは4％に引き上げる方が良いと考える経済学者もいます[11]。もし日本が4％の物価安定目標を設定していたら、「失われた10年」を回避できたと考える人もいます。ですから、いずれ私たちは、2％のインフレ率は低すぎたかもしれないねと言いながら、過去を振り返ることになるかもしれません。

　インフレと失業のトレードオフ（一得一失）という問題も、考えておく必要があります。なぜなら、失業率が1％上昇することは、インフレ率が1％上昇することに比べて、5倍も社会を不幸にすると言われるからです[12]。失業率を下げるために、物価上昇率を私たちが望む水準よりも高くすることは、正しい選択です。多少の物価上昇は全く問題ではありません。

　さて、米国政府がアクセルを踏み込む決断をする一方

＊11　Rugaber, Christopher (2021) Inflation ahead? Even a top economist says *it's* complicated, *AP*
　　　https://apnews.com/article/ap-top-news-lifestyle-inflation-business-jason-furman-536d99a7a2d7abf8dd735963e57b237f;
　　　Leigh, Daniel (2010) A 4% inflation target? VOX-EU
　　　https://cepr.org/voxeu/columns/4-inflation-target
＊12　Professor Danny Blanchflower economist & fisherman, Twitter, @D_Blanchflower, 24. Feb. 2021

で、この国のキャパシティの限界が本当に、年間6兆ドルの財政赤字に相当するところにあると仮定しましょう。2021年7月の現在の財政赤字は2.5兆ドル〔約338兆円〕ですが[*13]、一年前にさかのぼって、さらに3.5兆ドル〔約473兆円〕の国債を追加して、アメリカの成人みんなに毎月1200ドル〔16万2000円〕の小切手を送ったとしたら、何が起きたでしょうか。天が落ちてくるのでしょうか。米ドルは世界の基軸通貨ではなくなってしまうのでしょうか。

　まず重要なのは、物価上昇は全般的な現象ではなく、全般的な解決策があるわけでもない、ということです。物価上昇は、何かに対する需要が供給を上回ったときに起こるものです。もし全ての人々が1200ドルの小切手を現金化してベッドの下に隠したとしたら、おカネが新たに創られたとしても需要の増加は起こらないので、インフレ的な効果は全くありません。問題はおカネで何かを買うことであって、おカネそのものではないのです。そしてまた、何を買うかによるのです。もしみんなが1200ドルを音楽配信に使ったとしても、その需要は供給量を超えることはないでしょう。なぜなら、そのような商品は無限に供給を増

――――――――――
*13　Bipartisan Policy Center, *Deficit Tracker*
　　　https://bipartisanpolicy.org/report/deficit-tracker/

やせるからです。だから、インフレ的な影響は生じないのです。

　もしみんなが1200ドルを、株式を買うのに使ったとしたら、株価が上がるでしょう。これは資産インフレとも呼ばれます。あるいは、もしみんなが1200ドルをビットコインに使ったとしたら、ビットコインの価値は上がりますが、食料の値段は上がりません。もしみんなが1200ドルを、クレジットカード債務や学生ローン、車のローン、住宅ローンなど、ありとあらゆる個人債務の返済に使ったとしたら、それはインフレ的な効果ではなく、デフレ的な影響をおよぼすでしょう。なぜなら個人債務の返済は、税金と同じような働きをするからです。どちらもおカネを消してしまうのです。つまり、どちらも浴槽のドレインの栓を抜くことになるわけです。

　債務免除について考えるさいには、債務の返済がデフレ的な影響を及ぼすということも考慮しておくべきでしょう。学生ローンをすべて免除した上で、さらに別の景気刺激小切手を配布したら、そのインフレ効果は、学生ローン免除がなかった場合よりも大きくなるでしょう。

　インフレには、需要や供給とは関係のない心理的な要因もあります。みんながインフレになると思えば、労働者は

より多くの賃金を要求し、企業はより高い価格を要求するでしょう。このように、インフレは「予言どおりになる予言」のようなものです。逆に、みんながデフレになると思えばデフレになります。そして、安定的な物価上昇をみんなが予想すれば、物価上昇率が安定する可能性が高くなります。だからこそインフレの恐怖を煽ることはよくないことなのです。

　ではインフレ的な支出とはどのようなものでしょうか。2020年には、中古車の需要が増え、結果的に中古車の価格が上昇しました。限られたものを欲しがる人が増えれば、それを買おうと競争する人が出てくるので、そのぶん価格が上昇します。自動車の場合は、車のいらない都会から多くの人々が引っ越して行ったのと同時に、レンタカー会社がコロナ禍を生き延びるために売り払った自動車を、買い戻そうとしました。しかもそれと同時に、世界的なマイクロチップ（半導体）不足で新車の生産台数が減少したのです。これは、異常な自動車需要の増加と、異常な自動車供給の減少の組み合わせですが、パンデミックへの反応として起こったことなのです。そして、それが現在の物価上昇の3分の1を占めているというのです。[*14]

　ガソリン価格も同じです。2020年の外出禁止の頃は、

ほとんどの人々が家から出られず、車を使えなくなったので、ガソリン価格が急落しました。需要よりも供給がはるかに多くなったのです。その結果、製油所が閉鎖され、ガソリンの生産能力が縮小しました。2021年には需要が通常の水準に向かって急激に回復しましたが、一部の製油所が永久に閉鎖されたため、2021年の生産能力は2020年のそれを下回っています。需要の大きな変化に対応するには時間がかかるので、ガソリン価格が高騰したのです。しかし生産能力は回復するでしょうし、電気自動車へのシフトも進むでしょうから、ガソリン価格は再び下がるでしょう。

　なお、需要に供給が追いつかない時でも、必ずしも価格が上がるわけではありません。2020年には、企業が顧客の需要に応えられなかったときに、値上げをせずに待ち時間を増やしていました。1日に100個しか作れないケーキ屋さんの例を考えましょう。500人の顧客から500個のケーキの需要があった場合には、40ドル〔5400円〕だったケーキを200ドル〔2万7000円〕に値上げするのも一つの対応ですが、もう一つの対応は、ケーキの順番待ちリ

＊14　Council of Economic Advisers, Twitter, @WhiteHouseCEA, 30 Jul. 2021.

ストを作り、最後の人は5日間待ってもらって40ドルで買ってもらうことです。つまり、時間も重要な要素なのです。みんなが1200ドル〔16万2000円〕を手にしたその日に全部使う場合と、1ヶ月のあいだ毎日少しずつ、供給が追いつくように使う場合とでは、インフレ的な効果が違ってきます。**いつだって重要なのは、ある特定の時点での需要と供給なのです。**

　需要と供給は互いに影響し合います。需要の増加が価格の低下につながることさえあります。需要の増加が価格低下につながった例として、天然ガス採掘の水圧破砕法の発明が挙げられます。原油価格が高騰し、産油業がものすごく儲かるようになったとき、石油生産を増やす方法が発明されたのです。フラッキングの問題については色々な意見がありますが、これがガソリンを増産する技術革新であることに変わりありません。これによって、1ガロンあたり4ドル〔540円〕以上（1リットルあたり1ドル以上）だった価格が半分以下にまで下がり、そのおかげで物流コストも下がり、他の多くの物も安くなったのです。ここから分かるのは、需要が供給を上回って一時的なインフレが起こっても、新たな投資や技術革新によって供給が劇的に増加し、物価が大きく下がる可能性もあるということです。

需要の増加によって、使う資源（リソース）の総量が減る可能性もあります。これは直感に反することかもしれませんが、人々は使えるおカネが増えると、あるモノの購入量を減らす場合もあるのです。経済学者は、このようなモノを**劣等財（れっとうざい）あるいは下級財（かきゅうざい）**と呼んでいます。例えば、安物の靴と高価な靴があるとします。高い靴を買えない人は、安い靴を買うでしょう。すると、長持ちする靴を1足だけ買えばよいところが、安物を何回も買うことになります。これは長期的にみれば高く付き、より多くの資源を使うことになります。つまり、粗悪品を買わなくて済むほど人々を豊かにすることは、限られた資源をより効率的に使うことにもつながるということです。

　では再び本題に戻りましょう。新しく創出されたおカネで、みんなが毎月1200ドルを使えるようになったら、何が起こるでしょうか。そう、お察しのとおり、その答えは、確実な答えはありません、ということです。**全ては状況しだいです。そうでないと言う人は、何かを売っている人なのでしょう。**[*15] おカネの一部は、物価に何の影響も

---

*15　（訳注）ウィリアム・ゴールドマンの明言に「人生は痛みである。そうでないと言う人間は、何かを売っているのである（Life is pain. Anyone who says otherwise is selling something）」というものがあります。

与えない方法で使われるでしょう。ほかの一部は、ある地域で物価上昇を引き起こし、ほかの一部は、他の地域で物価の下落をもたらすでしょう。さらに他の一部は、一時的な物価上昇を引き起こし、長期的な物価の下落につながるでしょう。しかも、これらはすべて、物価上昇率を管理する道具（つまり金利操作の能力）をもった中央銀行や、需要を減らしたり供給を増やしたりする政策を実施できる連邦政府や、値上げをしない経営者が値上げをする競合他社よりも市場シェアを拡大できるような、競争市場の動きにかかっているのです。

　繰り返しますが、経済は「適応する複雑系」であって、時間が経っても変わらない機械のようなものではありません。多くの変化は、新しい均衡に達するまでの一時的なものです。ある月には物価がおそろしく上昇しても、翌月には物価安定目標を下回ることもあります。物価上昇は、しばしば（特にパンデミックのときには）一時的なものです。また物価上昇はうまく管理できるものであり、とりわけ便利な道具として活用することさえ可能です。

見えない税金

　全ての人々に毎月おカネを届けるために、赤字財政によって現金を「印刷」すれば、物価上昇につながると心配されています。それに関して考えるべき最後の重要な点は、物価上昇そのものが本当に損害をもたらすのか、誰にとって損なのか、ということです。物価上昇が恐れられているのは、おカネの価値が下がるからではなく、おカネの価値が下がる結果として、モノを買う力（購買力）が落ちるからです。損害とは、食料品が1割値上がりすることではありません。購買力が1割へって、9割ぶんの食料品しか買えなくなることです。*16 では購買力の増加によって物価上昇が起こる場合はどうでしょう。購買力が物価よりも早く上昇し、物価上昇率が安定しているかぎりは、物価が上

＊16　（訳注）ここから様々な数値例が出てきますが、必ずしも厳密な計算ではありません。例えば、5％の物価上昇が起こったとき、1万円の実質的な価値は、本当はおよそ9524円になります（10000÷1.05≒9524）。つまり476円の目減りです。しかし著者はより直感的に分かりやすいように、5％の物価上昇が起こった場合に500円分の目減りになるという計算をしています。

がっても人々の暮らし向きは良くなるのです。

　ロン・ポールさんのような自由至上主義者は、インフレは「見えない税金」だと言いふらしています。いいでしょう、そのように考えてみましょう。あなたの年収が2万ドル〔270万円〕しかないとき、物価上昇率が年率5％という「高い」水準になったら、実質的な年収は1万9000ドル〔約257万円〕まで減少します。つまり1000ドル〔13万5000円〕も、見えない税金を取られるようなものです。しかしこんどは、新たに創られたおカネで、ベーシック・インカム（BI）のような形で、毎月2000ドル〔27万円〕のおカネが与えられた場合を考えましょう。すると総収入は4万4000ドル〔594万円〕になります〔20000+2000×12=44000〕。物価上昇による購買力の損失は（その5％の）2200ドル〔29万7000円〕で、実質的な購買力は4万1800ドル〔約564万円〕になります。ですから、5％のインフレ率のもとでも、2倍以上のものを買うことができるようになり、暮らし向きは良くなるのです。さらに、住宅ローンを抱えている人の場合を考えてみましょう。ローンを返済する時には、最初に借りた金額よりも、実質的に少ない金額の返済でよいことになります。**そう、実は借金を抱えている人にとってインフレは有利なのです。**では、インフレ

が起こると同時に、おカネ持ちを含むすべての人々に、新しく創造されたおカネが同じ金額ずつ配られるならば、損をするのは誰でしょうか。そうです、それは、おカネ持ちの人たちです。

　50万ドル〔6750万円〕もの年収がある人は、インフレ率が5％ならば、その購買力は47万5千ドル〔約6413万円〕に落ちます。その人は、2万4000ドルのBIを受け取ったとしても、購買力は千ドル程度下がります〔52万4000÷1.05≒49万9048≒49万9000〕。つまり、物価上昇率が0％の時には（BIがなくても）50万ドル相当のものを買えたはずが、（BIがあっても物価上昇によって）49万9000ドル〔約6737万円〕相当のものしか買えなくなるのです。BIが与えられる場合には、「見えない税金」はおカネ持ちだけにかかります。全ての人々にかかるわけではありません。

　BIは一律の普遍的税額控除（支払うべき税金を減額する制度）と同じようなものですから、見える税金も「見えない税金」も還付されることになります。そして、ある人にとって支払った税金よりも、受け取るBIの金額が大きければ、その人の購買力は上がることになるのです。

　では、大金持ちのジェフ・ベゾスさん（Amazon社長）が、課税を逃れるためにあらゆることをやって、税金のか

からない財産を2000億ドル〔27兆円〕も持っているとし
ましょう。彼は、5%の物価上昇が起こった時、2000億
ドルの財産が実質的に1900億ドル〔25.7兆円〕になること
を、避けることができるでしょうか。できませんよね。そ
して彼が、2万4千ドル〔324万円〕のBIを追加でもらった
としても、100億ドル〔約1.4兆円〕相当の「実質的な富裕
税」を埋め合わせることができるでしょうか。できません
よね。ベゾスさんの財産が、2020年7月から2021年7月
の間に230億ドル〔約3.1兆円〕も増加したことを考えてみ
ましょう。この場合、100億ドルの「見えない富裕税^{＊17}」を
取られても、彼の財産は130億ドル〔約1.8兆円〕も増えた
ことになります。

　また、インフレが必ず貧困層にも打撃を与えるというこ
とも正しくありません。例えば、金時計（きんどけい）が不足して価格が
2倍になっても、価格上昇の影響を受けるのは金時計を買
う人たちだけで、それは貧困層ではありません。

　要するに、通貨供給量が増えれば必ず物価上昇率が上が
るというわけではなく、あるていど物価が上がる時にBIが

＊17　（訳注）ただし、物価上昇はおカネという財産に対して「見えない富裕税」を課しま
　　　すが、株式や不動産といった財産は、物価が上がると価格が上がる傾向があるの
　　　で、その限りではありません。

きちんと与えられるならば、BIによって貧困層や中間層の暮らし向きは必ず改善します。そして「見えない課税」の対象は、最もたくさん消費し、最もたくさんの財産を持っている人に限られます。ですから、収入のない人たちや、固定的な収入を得ている人たち、あるいは低所得の人たちは、基礎的なモノやサービスのコストが上がると最も影響を受けるのだから、BIが導入されて、ある種の**物価上昇還付金**として彼らを保護しない限りは、いかなる物価上昇も追求してはならないという議論もありえます。また、金持ちが逃れられないような課税をしたいのなら、物価上昇を富裕税と見なすこともできるでしょう。

　次に進む前に要約しておきましょう。（1）私たちは経済の能力を最大限に発揮させるために、政府には徴税額よりもいくらか多くの財政支出をしてもらいたいです。（2）BIの形での政府支出は、様々な理由から、それに対応する課税がなくても必ずしもインフレにつながるとは限りません。（3）物価上昇率がどれくらいになっても、貧しい人々に不利な効果（いわゆる逆進性）をなくすためにBIは必要です。

　では今度は、MMTとBIにおける税金の役割について、より深く見ていきましょう。

お湯を抜く

　実は米国では、連邦レベルでの課税の役割は、連邦政府の資金調達のためではありません（日本でも同様です）。米国政府は自国通貨を創出するので、そしてその不換紙幣（ふかんしへい）の価値はいかなる物にも固定されていないので、連邦政府の支出はすべて、おカネの創造だといえます。つまり、浴槽にお湯を注いでいるに過ぎないのです。逆に、徴税は通貨供給量の削減となります。浴槽の湯量を制御するために、お湯を抜くということです。私たちは、毎年4月に連邦税の確定申告をする時に、連邦政府に資金を提供しているわけではありません。何よりも、私たちは米ドルの使用者（ユーザー）として、インフレの抑制に貢献（こうけん）しているだけです。州政府〔日本では地方自治体〕はおカネを作ることができないので、州税〔地方税〕は州政府の財源になります。しかし、連邦レベルの税金は、物価上昇や不平等、動機付け（インセンティブ）に関するものであり、何かのための「財源」ではないのです。

　社会保障税（日本では社会保険料）は、人々が考える連邦

レベルの税金の仕組みと、実際の仕組みの違いを示す格好の例です。社会保障は、大部分が給与税でまかなわれていると考えられています。人々は給料日が来ると、給料の一部がこの税によって消えていくのを見て、退職後に引き出すことができる貯蓄口座のようなものに、おカネを預けているのだと考えています。でも、実際にはそうではないのです。今起きているのは、**退職者が資源(リソース)を利用し続けられるように、勤労者の資源アクセスが制限されているということです。**勤労者の購買力を減らすことによって、退職者の資源が確保できるというわけです。キーワードは資源(リソース)です。たとえ給与税がなくても、社会保障の小切手は社会保障の受給者全員に送られるでしょう。しかしその場合には、勤労者はより激しく退職者と資源を奪い合うことになります。浴槽の比喩を用いるなら、浴槽から抜き取られるお湯が少なくなると、お湯が浴槽から溢(あふ)れやすくなるということです。

　給与税は社会保障の財源として不可欠なものではありません。しかし、給与税は大事な役割を担っているので、廃止すればよいというものでもありません。それは、資源を解放してインフレを避けるだけでなく、社会保障制度に賛成する気持ちを支えているのです。退職後に自分のおカネ

が戻ってくると思うからこそ、そして誰もがそう思うから
こそ、社会保障制度はとても人気があるのです。もしみん
なが、実は高齢者の貧困を防ぐために、自分のおカネがイ
ンフレ神の祭壇の前で燃やされているのだということを
知ったら、これほどの人気はなくなるでしょう。これが、
課税はおカネを消滅させることなのか、あるいは連邦政府
の財源なのかという問題です。でも、問題はそれだけでは
ありません。

　課税の制約はないということを、誰もが理解すること
は、大きな可能性をもたらす一方で、おおきな危険につな
がります。もしすべての政治家が、政府支出に制約はな
く、本当の制約は資源であり、そしてそれを最大限に活用
する能力なのだということを知れば、どうなるでしょう。
突然にして、政府支出案件がもっとたくさん実行可能に
なるでしょう。その多くは良い計画でしょうが、他の多く
は問題ぶくみでしょう。政治家は、科学者でもなければ、
技術者でもありません。彼らはたいてい実験に興味があり
ません。計画が本当にうまくいくかどうかにも興味があり
ません。もしMMTが受け入れられるならば、まさに変え
るべき点は、ここです。効果のない、あるいはまったく逆
効果の支出や課税を避けるために、**証拠に基づく政策立案**

を、MMTのパラダイムにおける新たな標準にする必要が
あるのです。

　例えば、普遍的幼児教育 (pre K) について考えてみま
しょう。*18 多くの政治家がこれにおカネを出したいと考え
ていますが、これよりは、現金給付の方がより良い教育成
果をもたらします。幼児教育に支出することは可能です
し、幼児教育と現金給付の両方を実施することも可能です
が、現金給付をせずに幼児教育を行うことは、利用可能な
資源を最も効率的に活用することにはなりません。また、
MMTの観点から言えば、社会全体で実現したい様々な事
柄のために最大限の資源を解放するには、最小限の資源で
最大限のことを実現すべきだということを忘れてはなりま
せん。

　医療についても考えてみましょう。MMTは、おカネが
問題ではないのだから、国民皆保険 (Medicare for All) は
実現できると明言しています。問題はまさに資源です。医
師や看護師は足りているでしょうか。十分な医療機器があ

＊18　Whitehurst, Grover J. "Russ" (2016), This policy would help poor kids
　　　more than universal pre-K does、30 Jul., 2016
　　　https://www.brookings.edu/opinions/this-policy-would-help-poor-
　　　kids-more-than-universal-pre-k-does/
　　　(訳注) Pre Kindergarten (幼稚園の前) という意味で、4歳児を対象とした教育
　　　プログラムのこと。

るでしょうか。既存(きそん)のシステムでは、多くの人たちが管理面で時間を費やしていて、非生産的で無駄なことがたくさんあります。現在のやり方では、医師が実際の医療よりも、医療保険関係の業務に多くの時間を割かないといけないので、実のところ診療時間の供給が減っています。医師は、患者と接する時間よりも、事務処理に費やす時間の方が2倍も長いと報告されています。[19] **つまり、この手の事務仕事を完全になくすことは、お医者さんの人数をすぐに3倍にするような意味があるのです。**

　医療保険の職員も、他のもっと生産的なことをする代わりに、事務仕事に時間を費やしています。本当のところ、シングル・ペイヤー制度[20]に移行すべきだという議論に対しては、たくさんの事務仕事がなくなることが心配されているのです。ちょっと考えてみてください。いま人々は不要

*19 Sinsky et al. (2016) Allocation of Physician Time in Ambulatory Practice: A Time and Motion Study in 4 Specialties, *Annals of Internal Medicine*, Dec. 6, 2016
　　https://www.acpjournals.org/doi/10.7326/M16-0961
*20 （訳注）日本などの医療制度では単一の支払い基金によって、医療費の審査と保険会社への請求、医療機関への支払いが行われています（参考:社会保険診療報酬支払基金HP、https://www.ssk.or.jp/kikin.html）。これをシングル・ペイヤー制度と言います。これに対して、米国の医療制度は、こうした業務を行う機関が複数並立するマルチ・ペイヤー制度です。これが米国医療制度の不公平性や非効率性、医療費高騰の原因の一つと指摘されており、国民皆保険の実現と合わせて議論の的になっています。

な仕事をしています。不要な仕事がなくなれば、そんなことをしなくてもよくなりますし、他にもっと生産的な仕事ができるようになります。でも、それが心配だというのですよ。

　患者もまた、何時間も官僚的な手続きを強いられることで、より生産的な仕事ができる時間が減っています。現在の医療制度には多くの非効率があり、それが医療全体のキャパシティを減らし、潜在的な供給力を低下させ、コストを高めているわけです。

　また、企業が従業員の健康保険料を負担させられることによって、潜在的な生産能力が損なわれています。この負担をなくせば、もっと多くの企業が起業でき、もっと多くの企業が成功できるでしょう。シングル・ペイヤー制度は起業家精神を大いに刺激します。そして、いま医療保険料に流れているおカネが、労賃や給料に回るようになると、働く人の賃金も上がるでしょう。

　何よりも最大の無駄は、不十分な所得と慢性的な経済不安によって起こっている心身の不調を治療するために、膨大な医療行為が行われていることです。ですから、最も効率的な資源の使い方は、無条件のベーシックインカムを支給して、貧困と不安を減らし、人々をもっと健康にして、

医療をそれほど利用しないですむようにすることです。BI
によって国民皆保険が不要になるわけではありません。ま
た逆に、国民皆保険も、不必要な医療介入を避けるために
BI が必要なのです。国民皆保険が多額の治療費を費やす
のに対して、BI はわずかな金額を予防のために使うのだ
ということです。

　ですから、国民皆保険制度はもちろん実現できますし、
これが税金の問題だと考えるのは馬鹿げています。これは
この国にある資源の絶対量の問題なのです。そしてそのリ
ソースが、人々の時間を信じられないほど非効率に使わせ
ることによって、わざわざ無駄にされているということな
のです。

　資源の無駄づかいは医療費だけではありません。子ど
もの貧困にかかるコストだけでも、年間1兆ドル〔135兆
円〕を超えると試算されています。犯罪のコストは年間2
兆5000億ドル〔約338兆円〕を超えると推計されていま

*21　Santens, Scott (2015) Universal Basic Income as the Social Vaccine
　　　of the 21st Century, Basic Income, Feb. 6, 2015.
　　　https://medium.com/basic-income/universal-basic-income-as-the-
　　　social-vaccine-of-the-21st-century-d66dff39073
*22　Rank, Mark R. (2018) The Cost of Keeping Children Poor, the New
　　　York Times, Apr. 4, 2018
　　　https://www.nytimes.com/2018/04/15/opinion/children-poverty-
　　　cost.html

＊23す。これらのコストは、医療保険料の上昇だけでなく、税金や物価が上がるという形でも現れます。貧困の予防ではなく、貧困の「治療」をするということは、犯罪防止に12000ドル〔162万円〕を使う代わりに、誰かを投獄するために6万ドル〔810万円〕を費やすことを意味します。刑務所や、公選弁護人、裁判官の費用を賄うために地方税が高くなるのです。万引きによる損失を防ぐために、お店の経費が増えるのです。私たちは貧困の全費用として、あまりに巨額のおカネを費やしているので、貧困そのものがインフレに匹敵すると言ってもよいぐらいです。**貧困がない場合よりも、すべてのものの費用が高くなるのです。**

＊23 Vanderbilt University (2021) New research examines the cost of crime in the U.S., estimated to be $2.6 trillion in a single year, *Vanderbilt University Research News,* Feb 5, 2021
https://news.vanderbilt.edu/2021/02/05/new-research-examines-the-cost-of-crime-in-the-u-s-estimated-to-be-2-6-trillion-in-a-single-year/

最適な排水口（ドレイン）

　MMTのレンズを通して税金を見ることによって、私たちは税金のあり方を完全に変えることもできます。所得にこれほど課税することに意味があるのでしょうか。もし、税金が何かをやめさせるための手段であり、多くの人が税金は強制的に奪われるものだと考えているのならば、温室効果ガスのような、減ったほうがよいものに課税を移せばどうでしょうか。また年単位で巨額の税金を請求するのではなく、EIP-1559[24]以来の現在のイーサリアム（ブロックチェーンの一種、Ethereum）の仕組み[25]のように、すべての取引が自動的に課税されるように[26]、制度を変えてはどうで

*24 Shamapant, Nikhil (2021) EIP1559: The Squish Chaos Edition, *Squish Chaos Investing Research*, Aug. 5, 2021
　　https://squish.substack.com/p/eip1559-the-squish-chaos-edition
*25 Frost, Liam (2021) Ethereum Is Burning $10,000 Every Minute After EIP-1559 Upgrade, *Decrypt*, Aug. 6. 2021
　　https://decrypt.co/77773/ethereum-is-burning-10000-every-minute-after-eip-1559-upgrade
*26 Feige, Edgar L. (2001) Starting Over: The Automated Payment Transaction Tax, *Milken Institute Review*- Journal of Economic Policy, First Quarter, 2001. pp. 42-53.

しょうか。年末に多額の税金を納めるよりも、すべての取引に小さな税金[*27]を支払うようにすれば、ずっと気分が違います。また、租税回避や脱税もかなり少なくなります。さらに、健康保険の事務員の場合と同じように、所得税の申告をなくすことで、納税者も税務署員も多くの時間を確保でき、はるかに生産性の高い他の仕事に取り組めるようになるのです。

　所得税を減らし、確定申告を「はがき」へと簡素化することに重点をおく保守派にとっても、MMTの考え方は、その両方を実現するための現実的な道筋を示すものです。他の課税方法に注目し、さらには課税の代案として経済能力（キャパシティ）を高める方法にも注目すれば、所得税を完全に廃止できる可能性だってあります。例えば、多くの人にとって住宅が手の届かないものになった原因の、区画整理法[*28]を改革してはどうでしょうか。

　MMTに賛成する人たちも反対する人たちも、財政支出の部分に焦点を当てがちですが、私がそれ以上に興味を持ったのは、実は課税の部分です[*29]。もし税金が財政支出

＊27　The TinyTax, http://thetinytax.com/
＊28　*Vox*, The rules that keep American housing expensive, Aug. 16, 2021
　　　https://www.youtube.com/watch?v=0Flsg_mzG-M
＊29　Baker, Andrew and Richard Murphy (2020) *Modern Monetary Theory*

の財源ではなく、流通しているおカネを抜き取るものならば、税金は単に通貨価値の維持だけでなく、インセンティブ（何かをさせる動機付け）とディスインセンティブ（何かをやめさせる動機付け）とに、大きく関係することになります。私はこれこそが、つまり行動のインセンティブとディスインセンティブこそが、最初からずっと、おカネと税金の要点だったのだと、そして、はじめから本当に重要だったのはリソースの問題なのだと、主張したいです。

　おカネは実物ではありません。実物は人々であり、資源です。おカネは拵え物です。それは数量を計測する道具です。モノを計測し、私たちに何かをするように、また何かをしないように、促す手段なのです。私たちは、互いにおカネをやりとりすることで、さまざまな行動を奨励します。そして、課税によって、さまざまな行動を抑制します。

　私たちは、サンドイッチに10ドルを使うとき、消費者として、そのサンドイッチに10ドル以上の価値があることを、決める手伝いをしているのです。その金額は、パンの原料となる小麦を栽培したり、牛を飼ってチーズの原料となる牛乳を搾ったり、様々な食材を準備して組み合わせてサンドイッチにしたりといった、費やされたすべての労

and the Changing Role of Tax in Society, Cambridge University Press.

力を大まかに測定しているのです。サンドイッチを作るために費やされた時間と労力を考えると、10ドルというのは本当に信じられないような安さです。

　他方で、10ドルで石ころを買う人もいます。その石ころを作った人はいませんから、それ自体に労力は込められていません。誰かが見つけて、売っただけです。でも、サンドイッチも石ころも、人間が10ドルで売り買いしたのだから、10ドルの「価値」があるのです。つまり同じ10ドルでも、実はそれが測定している時間や資源の量は、モノによって大きく異なる可能性があるのです。

　モノを測定する上で、おカネがいかに不正確になりうるかを理解することは、本当に重要なことです。なぜなら、それは課税が効果的かどうかにも大きくかかわってくるからです。2つの異なるものに対して、10ドルの支出が等しくないというなら、2つの異なる方法で10ドルを課税した結果も、極めて不平等なものになりえます。私たちはこれまで、課税と支出に関してどんな考え方をしてきたでしょうか。それは、政府が10ドルの課税をすれば、10ドルの財政支出が可能になるという考えでした。何に対して課税し、そのおカネを何に対して支出するかは重要ではなく、10ドルという金額だけが重要だったのです。しかし、

MMTはリソースに着目しています。私たちは、金額だけでなく、利用可能なリソースで実際に何を達成しようとしているのかを、考えなければなりません。

テスラ・フォー・オール

　全ての人々にテスラ社の電気自動車を供給する、テスラ・フォー・オール (Teslas for All) という政策の見込みを考えてみましょう。誰もが新品のテスラを与えられるというわけです。従来の考え方だと私たちは、このようなプログラムのコストは、テスラ1台のコストに人口を掛け算したものと思ってしまいます。米国には約2億5000万人の成人がいて、最も低価格のテスラでも価格は約4万ドル〔約540万円〕ですから、このようなプログラムには約10兆ドル〔約1350兆円〕の費用がかかることになります。重要なことは、10兆ドルを捻出することだけでしょうか。違います。おカネは創り出せばよいですが、存在しない車を買うことはできません。2020年に納車されたテスラは50万台でしたから、そのペースで2億5000万台のテスラを生産するには500年もかかることになります。毎年の生産台数を増やすことは可能でしょう。しかしそれも、製造に必要なすべての原材料に制約されます。電池に必要な

天然資源の量や、生産に必要な労働者の数、そして労働者たちが従事していた仕事にも依存します。つまり、テスラ・フォー・オール政策に注力した結果として、何が生産されなくなってしまうのかということも、制約となるのです。明らかに、重要なのはおカネではなく、利用可能なリソースと、それを割り当てる能力、必要とされる時間、そして、結果的に他のもっと重要なものが減ってしまう可能性なのです。

　資源配分の部分はとくに重要です。税金は財源調達のためのものではなく、経済の中で、何かをするための余裕を確保するためのものだからです。例えば、単3や単4の電池に対する課税は、リチウムの使用量を減らし、テスラの電池に使えるようにしてくれますから、「テスラ・フォー・オール」計画にも役立つでしょう。他方、アルコールに課税しても、テスラの生産量にはプラスにならないでしょう。つまり、何に課税するべきかということは、私たちの最終目的によって決まるのです。

　おカネを工面することは、それ自体として、それほど意味はありません。ですから、物事のコストにこだわるのではなく、それを実現するためには何が必要かを考えることが、とても重要なのです。**財源調達のための税金という考**

え方にとらわれていると、**おカネさえ調達できたら何か
ができるのだと勘違いしてしまいます。**3億人に1ドルず
つ課税するのと、1人に3億ドルを課税するのとでは、大
きな違いがあります。2種類の税の収入が同じだというの
と、2種類の税で同じことが実現できるというのは、まっ
たく別のことなのです。この理解はインフレ対策にも役立
ちます。

　自動車や木材のコストが急騰すれば、インフレが起こっ
たという計算になります。では、そうなった時に、人々が
自動車や木材そのほか様々な商品を買う能力を抑えるため
に、増税するのは意味があるのでしょうか。自動車と木材
に注目したほうが良いのではないでしょうか。自動車の製
造に必要な材料の増産のために投資をすれば、価格上昇は
抑えられます。木材価格は、木材への関税を廃止する一方
で、できる限り木材以外の材料を使って需要を減らせば、
下げられるでしょう。MMTは、リソースそのものに焦点
を当てることで、より賢明な意思決定を可能にします。財
政支出は優先順位と達成能力の問題になります。そして課
税は物価を管理する道具（ツール）のひとつになります。それだけで
はありません。税金を最小限に抑え、最善の結果を得るた
めに、適切な税や適切な政策を最善の方法で活用すること

に、注意を注ぐ道が開かれるのです。

　私たち人類が直面している大きな問題のひとつに、気候変動があります。この問題が私たちにとって大きな問題となった理由のひとつは、**化石燃料を燃やすことによる被害が外部化されていること（費用が価格に含まれていないこと）です。**洪水や山火事などの発生頻度の増加は、1ガロンのガソリン価格の計算では考慮されていません。そのため、ガソリンは人為的に安くなっているのです。もし化石燃料の価格に長期的な費用が含まれていたら、ガソリンの値段はもっと高くなっていたでしょう。**ピグー税を導入しましょう。**ピグー税とは、外部化された費用を認識し、それを価格に含めることによって、市場参加者のより良い意思決定を促すものです。気候変動の費用が含められてガソリン価格が上昇すれば、電気自動車などが相対的に安くなり、消費者にとってより魅力的なものになります。炭素税はピグー税です。そしてタバコ税もピグー税なのです。

　MMTのレンズを通して炭素税について考えてみましょう。炭素税は化石燃料（石炭・石油・天然ガスなど）の使用に

＊30 Santens, Scott (2018) This Idea Can Literally Change the World: Partial Basic Income through Universal Carbon Dividends, *Basic Income,* Mar. 2, 2018.

ディスインセンティブを与えるものです。そうすること
で、環境に優しい代用品を使うインセンティブが生まれる
のです。他方で、貨幣を取り除き、マネーストックを減ら
すことで、物価を下げる力をつくりだします。また、輸送
コストを高めて、ガソリン以外にも、食料品や必需品の価
格を高めることになります。食料品価格の上昇は、最低所
得層の人々に最大のダメージを与えます（これを負担の逆進
性といいます）。ですから、最初の2つの効果はよいもので
すが、3つ目の効果は悪いものです。

　この逆進性の問題に対するオーソドックスな考え方は、
税金を還付してあげて、最も所得が低い人々が使えるお
カネが増えるようにすることです。例えば、年収1万ドル
〔135万円〕の貧困者は、炭素税によって物価が5％上昇し
ても、（年収の5％ぶんにあたる）500ドル〔約6.8万円〕を受
け取れば、炭素税による打撃を受けずにすみます。それ以
上の金額を受け取れば、より良い暮らしができます。炭素
税と還付金を組み合わせたアプローチによって、それが達
成できるのです。ただし典型的なアプローチは、税金を集
めて、総額を分配するという従来の視点によるものです。
MMTの視点は、この2つの機能を分離します。両者は同
額である必要はありません。炭素税の税率は、目標とする

期間に、目標とする温室効果ガス排出削減を達成するうえで、最適なものに設定すればいいのです。また、生活費の増加に対処するために人々に与えられるおカネは、人々の暮らし向きをよくし、目標とする水準まで貧困を削減するうえで、最適と思われる金額に設定すればよいのです。

　私の意見では、すべての税金は、このように「一石二鳥のレンズ」で考えるべきです。インフレを防ぐために、課税でおカネを消して、世の中に出回るおカネの量を制御しましょう。それと同時に、望ましくないものに課税しましょう。汚染物質は望ましくないので課税しましょう。住宅が高価になるのは望ましくないので、未改良の土地の価値[*31]に課税して、住宅用地を効率的に利用するインセンティブを与えましょう。十億分の1秒（ナノ秒）単位で株式の売買が行われるのは望ましくないので、金融取引に課税しましょう。肺がんや肝臓がんは望ましくないので、タバコやアルコールにもっと課税しましょう。

　裏を返せば、労働意欲を削ぐようなことはしたくないのに、なぜ労働に税金をかけているのでしょうか。この疑問は、MMTがおそらく最も重要だと考える課税の理由へ

---

*31　TaxingQofLand, The Taxing Question of Land, YouTube, Sep. 4, 2013.
　　　https://www.youtube.com/watch?v=1pYSsME_h7E

と、すなわち税金を納めるために、人々がおカネを欲しがるようにするのだという理由へと、つながってゆくものです。

子どもを働かせる名刺の話

　ステファニー・ケルトンさんは『財政赤字の神話』という著書の中で、MMTにおける課税の役割を理解する上で、とても重要なきっかけとなったエピソードを紹介しています。ウォーレン・モズラーさんの自宅で、彼が、貨幣の創造に関するちょっとした実験について話してくれたというのです。彼は、自分の名刺をたくさん持っていたので、家事をしたごほうびとして、これを子どもたちに与えることにしました。もちろん名刺など、子どもたちには何の価値もありませんし、家事のインセンティブにもなりません。そこで彼は子どもたちに、毎月決められた枚数だけ名刺を返却しなければ、楽しんでいるビデオゲームや携帯電話などを取り上げると言いました。[32]すると突如として、

---

*32（訳注）モズラーさんが課したペナルティ（罰則）は、この話を紹介する資料によって少しずつ異なります。「家から追い出す」という人もいます。訳者はモズラーさん本人に、Twitterを通じて、本当のところはどういうペナルティだったのかを質問したことがあります。彼からは「たしか外出禁止と言ったと思う。でも数日でくたびれてやめた。その頃までには子どもたちも貨幣の本質を理解した」というお答えをいただきました。本書の記述は、サンテンスさんやステファニー・ケル

子どもたちは名刺を求めて、一生懸命に家事をするように
なったと言います。

　これは、おカネに価値を与えるのは課税だということを
説明する物語です。しかし、MMT支持者の多くが認識し
ていないと思われるのは、彼らが今お気に入りの**雇用保証**
（雇用されたい人に政府が雇用を保証する政策、Job Guarantee,
JG）*33 よりも、むしろBIの重要性を説明するのに、この物語
が役立つということです。

　モズラーさんの子どもたちは、明らかに、基本的な必要
（ニーズ）
が満たされていました。そして、自分たちが楽しんでいる
贅沢品（ぜいたくひん）のために働くか、働かずにその贅沢品を失うかとい
う選択肢を与えられたのです。子どもたちは、働かなくて
も基本的ニーズが満たされ、部屋の中で食べたり寝たりで
きる選択肢があったにもかかわらず、贅沢品のために働く
ことを選んだわけです。モズラーさんは、もし子どもたち
が家事を拒否したら、食事を与えず、家から追い出すとま
では言っていません。もし、そんなことをしたら、誰だっ
てそれを虐待だとみなすでしょう。しかしBIがない社会

　　　　トンさんの解釈にしたがって理解して下さい。
＊33（訳注）原書では連邦雇用保証（Federal Job Guarantee, FJG）の用語が使われ
　　　　ています。雇用保証プログラム（JGP）の名称がつかわれることもあります。

で、JGだけが存在する場合には、まさにそのような状況になります。なぜなら誰もが、モズラーさんの子どもたちのように必要が満たされた上で欲しいもののために働くのではなく、生き残るためのニーズを満たすために働くことになるからです。

　MMTでは、はじめにおカネが来て、次に税金が来るのだということが、正しく理解されています。しかし、BIよりもJGを選好するということは、**MMTの支持者たちは、基本的ニーズが最初に来て、そのあとに仕事が来るのだということを、認識できていないのです。**

　基本的ニーズが満たされた人々が、楽しいことや贅沢をするために有給労働をするか、あるいは無償の仕事として、愛する人のケアやコミュニティでのボランティア活動など、おカネよりも価値のあることを追求するかを、選択できる状況にするために、BIはJGの前に存在する必要があるのです。BIがなくてJGがある状態は、基本的なモノを取り上げられた人々が、おカネのために働くか、困窮するかという「選択」を迫られる、とんでもない状態です。[*34]これは本当の選択ではありません。安全網があっても、い

＊34　Santens, Scott (2018) The Monsters, Inc. Argument for Unconditional Basic Income, *Basic Income,* May. 20, 2018.

つだって人々はそれをすり抜けて落下しています。2019年には、連邦政府から何ももらえないで、貧困にあえぐアメリカ人が1300万人もいたのです。[*35]

　困った人たちを助けるはずのプログラムは色々ありますが、これらは対象者の限定（ターゲッティング）をしているので、いつだって本当に困っている人たちを数多く排除しています。食品購入カード（フードスタンプ、SNAP）は、貧困状態にある人々の3分の1にしか行き渡りません。[*36]家族のための福祉（TANF）は州によって異なりますが、貧困世帯の4％にしか届いていない州もあります。[*37]障害者福祉制度は、障害を持つアメリカ人の5人に1人しか利用できず、受給資格を得た人々の平均待ち時間は2年です。[*38]またコロナ禍以前には、失業保険は失業者の28％にしか支給されませんでした。[*39]だと

*35　Jan, Tracy (2019), 13 million people in poverty are disconnected from the social safety net. Most of them are white, *Washington Post*, Feb. 4, 2019.

*36　Fox, Liana and Laryssa Mykta (2018) Nutrition Assistance Program Lifts 3.4 Million Out of Poverty, United States Census Bureau, Sep. 12, 2018.

*37　Center on Budget and Policy Priorities, Chart Book: Temporary Assistance for Needy Families (TANF) at 26, Updated Aug. 4, 2022.

*38　Center on Budget and Policy Priorities, Supplemental Security Income (SSI), Jan. 29, 2018.

*39　Crosse, Jacob (2019) Historically low number of Americans receiving unemployment benefits due to increasing restrictions, *World Socialist Web Site*, Nov. 23, 2019.

すれば、賃労働をするか、あるいは基本的ニーズが満たされるかどうかわからないサイコロを振るか、二つに一つだというならば、それはモズラーさんが子どもたちに、家事をしなければごはんを食べさせないという場合と、なんら違いはないのではないでしょうか。

　JGを支持する人たちは、賃労働をするか失業手当をもらうかという選択を支持すると言うかもしれません。でも、この設定にも問題があります。第一に、月1200ドル〔16万2000円〕の失業手当か、月2500ドル〔33万8000円〕のJG賃金かを選択させるのならば、なぜ全ての人々に月1200ドルを支給した上で、月1300ドル〔17万5500円〕の賃金がもらえるJGを提示しないのでしょうか。そのようにすれば、基本的ニーズを満たされない人はいなくなり、公共の仕事でも民間の仕事でも、働けば収入が追加されることになるのです。

　次に、どんな仕事についたとしても、貧困ライン以上の収入が得られるようにすべきです。無一文ラインを超えればよいというものではありません。新しく雇われ仕事に就いた人が、失業手当を失うなら、その人の暮らしは失業していたときと比べてほとんど良くならないか、あるいは悪くなる可能性もあります。雇用されている人の暮らしが、

雇用されていない場合よりも必ず良くなるようにするには、雇用状況によって出現したり消滅したりする最低所得ではなく、いつも無条件に存在する最低所得（所得フロア）を提供することが必要です。

　十分な金額のBIは貧困をなくします。その上で、あらゆる種類の雇用は、雇われた人々が消費者として、生存のために必要なものではなく、楽しみのために好きなものを買えるようにします。BIは、雇用保証の仕事に限らず、全ての仕事に対して、重要な働きをします。JGを、生存のための収入源ではなく、自由に使える所得の源(みなもと)にする一方で、いかなる理由であっても、貧困ライン以下で生活する人々がいないようにします。無償の仕事をしている人にとってはなおさらです。また、すべての仕事を自発的なものにすることによって、存在する必要のない無駄な仕事を、すべてなくしてゆくことにつながります。

　つまりBIがなければ、JGはいわゆるブルシット・ジョブの問題を抱えることになります。

ブルシット・ジョブ問題

　デヴィッド・グレーバー氏が定義した「ブルシット・ジョブ（クソどうでもいい仕事）[*40]」とは、「完全に無意味で、不必要で、悪質な有給雇用形態で、従業員がその雇用条件の一部として意味があるふりをする義務があると感じていたとしても、その存在がどうしても正当化できないようなのもの」です。調査によると、被雇用者の15％から40％が、自分はそのような仕事をしていると考えているようです。そのような仕事が年間5万ドル〔675万円〕で、連邦政府が保証する仕事が3万ドル〔405万円〕だとしましょう。その人は、2万ドル安い給料をもらうために転職するでしょうか。JGの仕事がものすごく有意義なら、そういうこともあるかもしれませんが、たいていは無意味な仕事をそのまま続ける可能性の方が高そうです。一方で、仕事を辞めた

＊40 Graeber, David (2018) *Bullshit Jobs: A Theory*, Simon & Schuster『ブルシット・ジョブ──クソどうでもいい仕事の理論』（酒井隆史、芳賀達彦、森田和樹 訳 岩波書店，2020）

としても十分な生活費が毎月得られるなら、自分にとって有意義な仕事を見つけたり、始めたりするための時間と余裕が生まれます。これは社会全体の生産性にも貢献するのではないでしょうか。

　無意味でない仕事だけを見つけ出す（BIの）能力は、JGの仕事の無意味さをチェックする、重要な機能でもあります。BIがなかったら、何の意味もないJG雇用が、少なくともいくつかは生まれる可能性があります。その場合、その雇用の目的は雇用そのものであって、何らかの重要な目標や機能ではありません。もし無意味なJG雇用か貧困か二つに一つを選べと言われたら、ほとんどの人は貧困を避けるために、どんなに無意味な仕事であっても雇用の方を選ぶでしょう。しかし、BIと無意味なJG雇用との二者択一ならば、ほとんどの人はBIを選ぶだろうと私は思います。ですから、BIは重要な拒否権を提供します。労働者は、BIがなければ就くしかない無意味な仕事を、避けることができるのです。無意味な仕事を排除することで、生産性も向上し、経済のキャパシティも高まります。

　MMTの要点は、財政的な制約ではなく、生産力の制約に注目することなので、無駄な仕事をする人の数を最小化し、有給であれ無給であれ、生産的な仕事をする人の数を

最大化することが重要です。JGによって全ての人々を働かせれば、生産能力〔キャパシティ〕が最大化できると考えるのは間違いです。なぜなら、すべての仕事がキャパシティを高めるわけでもなければ、キャパシティを高める仕事が全て賃労働であるわけでもないからです。BIによって人々は、自分が無駄だと思うものと価値があると思うものを選別でき、価値のある仕事の量を増やし、無駄な仕事の量を減らすことができます。MMTの要点は資源〔リソース〕の確保と有効活用ですから、MMTにとってはJGよりもBIの方が必要なのです。リソースの配分の無駄を減らして、生産能力〔キャパシティ〕を最大化するために必要なのです。BIがあれば、JGはその上乗せとして、さらにキャパシティを高める働きができるでしょう。BIがなければ、JGは労働のミスマッチと資源配分の誤りをただすことはできないでしょう。

　不必要な仕事に費やす時間は、いつだって最小限にすべきです。そのためには雇用以外にも、私たちがやっていることがブルシットなのではないかと注意すべきです。既存の生活保護に適用されるいろんな条件を考えてみてください。誰かが政府の援助を受け、援助を継続してもらうために、特定の場所まで車で行き来し、何時間もかけて書類に記入し、何日間も何週間も電話で連絡を取らないといけな

いとしたら、社会保障そのものが無意味な仕事を含む雇用だとみなされるべきです。アニー・ローリーさんは、「時間税 (The Time Tax)」と題したアトランティック誌の記事の中で、こうした時間の損失は、所得の低い人にとって重い、逆進性のある税だと述べています[*41]。時間に対するこの課税は、援助を最も必要とする人々を、援助から排除する逆進的な障壁として機能しているだけではありません。人々に全く無駄な仕事をさせることによって、社会全体の生産能力（キャパシティ）を低下させてもいるのです。**時間はあまりにも貴重で有限なものなので、無駄な労働によってこれに課税するようなことは、やってはいけません。**

　JGを支持する人たちの多くは、誤って、すべての仕事が生産的だと想定しています。それだけでなく、人々におカネを払って働かせることは、無償の仕事ができるようにするよりも、常に良いことだという想定もしています。これも誤りです。

---

*41 Lowrey, Annie (2021) The Time Tax, Why is so much American bureaucracy left to average citizens?, *The Atlantic*, Jul. 27, 2021.

過剰正当化効果

　人におカネを支払うことは、実際には、無償で何かをしようという意欲を損なったり、無くしてしまったりする可能性があります。これは「過剰正当化効果(overjustification effect)」と呼ばれています。ここに二人の無償の介護職員がいるとしましょう。有意義で、目的意識や喜びを感じられるという理由で、無償で介護の仕事をしているのです。雇用保証 (JG) では、その仕事には給料を支払うべきだと言われますが、条件付きの報酬は、彼らの最大の動機である目的意識や喜びに、どんな影響を与えるのでしょうか。複数の研究によると、やり方によってはマイナスの影響を与える可能性があるといいます。

　例えば、親が学校から子どもを引き取る時間を守らせるために、金銭的なインセンティブを与えるプログラムが作られました。その結果どうなったかというと、親たちは

＊42 Dubner, Stephen J. (2013) What Makes People Do What They Do?, *Freakonomics*, Oct. 23, 2013.

料金を支払えば遅刻してもいいのだと考えるようになり、実際には子どもを時間通りに迎えに行く親は減ってしまったそうです。他の例では、子どもたちは慈善活動のためのおカネを集めるために、個別訪問を任されました。おカネをもらわないグループと、集めたおカネの1%をもらうグループと、10%をもらうグループの3つに分けたところ、いちばんたくさんおカネを集めたのは、おカネをもらわないグループでした。その子どもたちにとって一番のモチベーションは、自分たちがやっていることが、世の中にとって重要で価値があるということだったのです。

　基本的に、物事には2つの見方があります。経済のレンズで見るか、道徳のレンズで見るかです。人間はもともと、何かをすることが重要だと思えば、それをするものです。しかし、おカネをもらうと、全く違った見方をするようになり、それが悪い結果につながることもあるのです。

　また、何かをすることによっておカネをもらうことは、することの内容によって、さまざまな影響をもたらします。創造性が必要な仕事に、おカネが支払われると、かえって創造性が損なわれることもあります。逆に、機械的

*43　ダニエル・ピンク「やる気に関する驚きの科学」YouTube、2009年8月26日。
https://www.youtube.com/watch?v=rrkrvAUbU9Y

で平凡な仕事に対しておカネが支払われると、生産性が向上することもあります。さらには、仕事が終わってからではなく、前もって所得が与えられることで、製品の生産量や品質が高まる場合もあります[44]。

　実は、「働かない」という選択肢を人々に与えるだけで、やらされる業務（タスク）が自発的なものに変わり、実行される仕事の量が増える可能性があります[45]。ある実験では、2つのタスクのうちどちらもやらないという選択肢を与えられた人は、2つのタスクのうちどちらか1つをやるように指示された人よりも、自発的にタスクを長時間おこなったといいます。

　上で紹介した事例はすべて、無条件の最低所得の必要性を示唆しています。これによって、人々は無償の仕事を追求したり、自発的に有給の仕事を選んだりできるからです。それはまた、内発的動機を維持しつつ、外発的動機による仕事の成果を向上させるものです。雇用の保証だけでなく、ボランティアをする能力も重要です。仮にBIがあり、それに加えてJGがあったとしても、モチベーション

*44 Kaur et al. (2021) Do Financial Concerns Make Workers Less Productive?, *NBER Working Paper* 28338.

*45 Markman, Art (2014) Why Having the Choice to Do Nothing Is So Important, *Psychology Today*, Apr. 9, 2014.

に関する心理学的研究に基づけば、**連邦ボランティア保証（FVG）**の導入は、さらなる改善となりうるでしょう。

　繰り返しになりますが、MMTの要点は、最大限に生産的な形でリソースを活用することなのですから、MMTの考え方を活用して政策の処方箋を書くとしたら、こうした心理学的な知見も含めて検討することが重要です。BIなしで、雇用保証だけやればキャパシティが最大化されるというのは、全く事実に反しています。BIは、最大限のキャパシティに到達するうえで、重要なカギとなるものです。それは働くことの内発的動機と外発的動機を最大化し、興味のあることが出来るようにし、仕事をするかどうか、どんな仕事をするか、どのような報酬が適正かということを、自己決定できるようにしてくれます。つまりBIは、**報酬が適正になるまで仕事をしないという選択肢を**人々に与えることによって、人々に力を授けるのです。

スプーンやシャベルの
代わりにロボットを

　MMTは、BIではなくJGを重視しているせいで、自動化^{オートメーション}にも十分に焦点を当てていません。私たちは、経済の生産能力^{キャパシティ}を高めるために、失業者を働かせようとするあまり、**それよりもオートメーションの方が生産キャパシティを大幅に高められる**ということを、見落としています。そして（既存の技術ですべての業務の半分が自動化できると言われていますが^{*46}）、経済がめいっぱい自動化されていない主な理由は、**人間の労働力があまりにも安いからです**。低賃金を拒否する力をみんなが持っていない限り、そして人間よりもコストのかかる自動化への投資が行われない限り、人間の労働力が安すぎる状態が続くでしょう。

　有名な話で、いろんなバリエーションがある話ですが、経済学者のミルトン・フリードマン教授が工事現場を訪れて、ものすごい人数が雇われていると聞いた時に、「あれ

＊46　Manyika et al. (2017) Harnessing automation for a future that works, McKinsey Global institute, Jan. 12, 2017.

ま、わたくしは皆さんがトンネルを掘っているのだと思っていましたよ。雇用を多くしたいのなら、シャベルではなくてスプーンを使わせた方がよいのでは」と言ったそうです。

　経済キャパシティを最大化するためには、オートメーションによって生産性が向上する分野では、どこでもそれを活用する必要があります。雇用の創出に焦点を当てることで、MMTの支持者たちは、MMTの潜在力を損なっているのです。**タスクの完了に焦点を置くべきです。**いかに少ない人数と短い時間でタスクを完了し、生み出されたものの品質を最高にするかということです。だから私は、雇用保証は間違ったアプローチだと思っています。どんな仕事でもいいから全ての人に雇用を保証すればよいわけではなく、官民ともに様々な雇用を用意して、そして様々なボランティアの機会も用意して、誰もが自分に合った業務を見つけられるようにすべきなのです。民間企業にはできない投資や、民間部門よりも公共部門の方が効率よく実施できる投資が、行われるべきなのです。ただし、キャパシティを最大化するためには、**技術の完全雇用を目指すべきであって、**人間を無駄に雇用することは避けるべきです。

　トンネルを完成させるのに、100人が標準的な設備を

使って1年で完成させる場合と、10人のチームが巨大な機械を1台つかって3ヶ月で完成させる場合があり得るならば、MMTは前者よりも後者を優先すべきであり、MMTの知識は**機械の製造と購入に使われるべきです。**雇用のための雇用を、決して最終目標とすべきではありません。最終目標は、与えられた目的を最もうまく達成するために、人間の労働をできる限り減らすことであるべきなのです。

　また遠くない将来に、オートメーションへの巨額の投資が既存の雇用の半分をなくす結果になるとしても、完全雇用を実現するには、雇用を創出する以外にも方法があります。それは、賃労働をうまく分け合って、労働時間を短縮することです。これはこの国で100年前に、週労働5日制が導入されたのと同じことです。

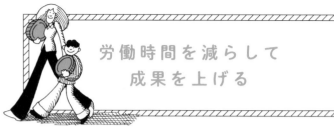

労働時間を減らして成果を上げる

　生産能力の最大化を目指すことが最終目的ならば、それを達成するためには、無駄な仕事を排除することに加えて、「労働時間を減らして成果を上げる」ことも重要な要素になります。10人が雇用されて、それぞれが週に60時間働いていたとしても、実際には最大限の生産性を発揮しているとは言えません。なぜなら、そんなに働き過ぎたら燃え尽きてしまうからです。それに、時間当たりの生産性は、年間労働時間が減少するにつれて、ある程度まで上昇することが分かっています。もちろん、労働時間がゼロになれば生産性はゼロになります。しかし労働時間には、1時間あたりの仕事量が最大になって、しかも、他の人の仕事の成果を購入して消費するための適度な自由時間が得られるような、多すぎず少なすぎない最適点があるはずです。

　週の労働時間を削減する実験が、アイスランドや日本[*47][*48]など世界各地で行われました。それらによれば、労働時間

を減らしても人々は同じだけの成果を上げることができ、しかも幸福度は高まり、ストレスや病欠が減るといったプラスの効果も得られることが分かってきています。最近の研究では、給与を下げずに週4日勤務にすれば、温室効果ガスの排出を20％以上削減できることもわかっています[*49]。だとしたら、成果が上がりもしないのに、むしろ大幅に下がるかもしれないのに、より多く働く必要などあるのでしょうか。

　週当たりの労働時間を減らしながら、同じだけの成果を上げるということは、他の人の仕事の成果を楽しむ時間を増やすということでもあります。何かを作って、おカネを稼いでも、消費を楽しむ時間がなければ何の意味があるでしょうか。例えば、観光業は経済の一角を担っています。映画産業やゲーム産業もそうです。これらは消費者のおカネだけでなく、時間も必要とします。ですから、余暇を十分に確保することも、経済キャパシティを最大化するための重要な要素です。**消費者が消費者であるための十分な時[*50]**

＊47　WIRED（2021）What really happened in Iceland's four-day week trial, *WIRED*, Jul. 12, 2021.

＊48　Paul, Kari（2019）Microsoft Japan tested a four-day work week and productivity jumped by 40%, *The Guardian*, Nov. 4, 2019.

＊49　Taylor, Mattew（2021）Four-day working week would slash UK carbon footprint, report says, *The Guardian*, May. 27, 2021.

間がなければ、消費経済は成り立たないのです。

　さらに、労働時間の質的な側面も大事です。週4日（32時間）働いている人と週5日（40時間）働いている人が全く同じ量の仕事をこなしている場合、その人たちが自分の仕事にどれだけ興味を持っているか、仕事に満足しているかも重要です。米国では、雇われて働いている人の3分の1強しか仕事にやりがいを感じていません[51]。残りの人たちは、やりがいがないか、仕事が嫌いなのです。ですから、経済キャパシティを最大化するには、有給であれ無給であれ、人々を最も夢中になれる仕事とマッチングさせることが必要なのです。これが、BIがとても重要なもうひとつの理由です。BIがあってこそ、人々が、より魅力的な雇用を見つけたり、自分で仕事を始めたり、あるいはボランティアができるようになるのです。

＊50　Russel, Bertrand, In Parise of Idleness, *Harpers Magazine*
　　　https://harpers.org/archive/1932/10/in-praise-of-idleness/
＊51　Gallup（2021）U.S. Employee Engagement Rises Following Wild 2020, *Gallup*, Feb. 26, 2021.
　　　https://www.gallup.com/workplace/330017/employee-engagement-rises-following-wild-2020.aspx

雇われていなくても非生産的ではない

　最後に重要なことをお話します。BIがない場合のJGの最大の問題は、失業者や無償労働に就いている人たち、それに障害者たちの現状です。雇われていないことと、生産性がないことは、同じことではありません。失業者の多くは、「働かされる」ことを待っている「予備軍」だと考えられていますが、実際には、経済的に認知されていない方法ですでに働いている人が多いのです。子育て中の母親は働いていないのでしょうか。母親を保育所で働かせ、彼女がすでにやっていた保育をさせるために、誰か他の人を雇うことに意味があるでしょうか。それは経済キャパシティを高めることになるのでしょうか。

　障害を持ちながら地域でボランティア活動をしている人は非生産的なのでしょうか。十分に障害があるという証拠を示して障害者手当をもらうか、あるいは雇われるかという二者択一の選択肢を、彼らに提示すべきでしょうか。現在、アメリカ人のおよそ5人に1人が何らかの障害を持っ

ていますが、そのうちの5人に1人しか何らかの障害者給[*52]
付を受け取ることができていません。受給資格を得るまで
の平均待ち時間は2年で、毎年1万人以上が待っている間
に命を落としています。このような人たちに雇用や障害
者手当を保証しても、この数字を変えることはできないで
しょう。しかしBIなら、これを劇的に変えることができま
す。

　すべての人々に所得を提供すれば、どんな障害を持つ人
でも、最低限その所得を得ることができます。そして、そ
の所得によって、彼らが最も大切にしていることを、より
よく追求することができるようになるのです。またその所
得は、障害者手当を申請して受給資格が得られなかった場
合にも、最低限の所得になります。さらには、障害者であ
ろうとなかろうと、全く仕事をしないことを選ぶ人が数
パーセントいたとしても、彼らに所得を与えることで、彼
らの支出は雇われて働く人たちの給料になります。雇われ
ている人たちはみんな、雇われていない人たちよりも収入

＊52　（訳注）原書通りに訳していますが、原書で参照された資料では、米国の成人の
　　　4人に1人が何らかの健康障害を持っていることが示されています。参照:CDC,
　　　Disability Impacts All of US, last reviewed on Sep. 16, 2020.
　　　https://www.cdc.gov/ncbddd/disabilityandhealth/infographic-
　　　disability-impacts-all.html

が増え、経済キャパシティのより大きな分け前を享受<ruby>享受<rt>きょうじゅ</rt></ruby>することができるのです。**BIがある場合には、雇われて働くことを拒否することは、拒否しない人の所得を高めます。**また、<ruby>自動化<rt>オートメーション</rt></ruby>を促進し、それが全ての人々の利益になります。

　仕事のインセンティブは、つねに仕事そのものの中に、そしてそれを望む人たちの中にあるべきものです。もしBIをもらっている失業者が雇用を拒否するなら、それは雇用が彼らに適応すべきだというシグナルであり、その逆ではありません。BIのない状況で、JGで失業者に賃労働を強制しても、賃金労働市場を適応させる効果はほとんどありません。ですから人々が働くことを拒否したとしても、収入が得られるようにすべきです。そうしてこそ、仕事にはまっとうな対価が支払われ、オートメーションは完全に採用されるのです。人間が時間に合わせるのではなく、時間が人間に合わせるようになります。そして経済は、ごく一部の人の需要ではなく、すべての人々の需要シグナルに応じて供給を行い、その潜在能力を最大限に発揮するようになるのです。

ＭＭＴに足りないもの

　ここまで様々な議論をしてきましたが、ここでは、MMTに足りないものを考慮することも重要です。繰り返しになりますが、MMTは財政支出と課税に対する政治家たちの見方を変え、インフレ対策の役割を中央銀行から議会へと移すものです。ですからMMTには、実際に機能し、責任を持ってその仕事を成し遂げる意思をもった議会が必要です。以前ならおカネが足りないと考えられていたようなあらゆる事柄に、多額の資金を使う誘惑が生じることは間違いないでしょう。それは支出先のプログラムがどんなものなのかによって、良いことにも悪いことにもなりえます。したがって、**証拠に基づく政策立案に取り組むことが一層重要になります。** 可能な場合には、（貧困対策などの）新しいプログラムは試験的に実施して、対照群と比較す

＊53 Pellini, Arnaldo, Making research evidence count: insights from Finland's Policy Analysis Unit, ODI
　　 https://odi.org/en/insights/making-research-evidence-count-insights-from-finlands-policy-analysis-unit/

82　　　　　ＭＭＴに足りないもの

るだけでなく、同じ金額を無条件で与えた人たちのグループとも比較すべきです。

　このことは、すべてを下支えする最低限の所得として機能するBIの重要性を、いっそう強調するものでもあります。政府にはやるべきことがたくさんあるので、余計な仕事は減らすべきです。人々に十分なおカネを与えて、自分で買い物をして、必要や欲求を自己決定してもらえばよいのです。もちろん、政府は人々におカネを配りさえすればよいのだ、と言うつもりは全くありません。ただ単純に、**十分なおカネを持っている人々でも、政府の手助けがなければ自分たちだけでは出来ないようなことに、政府は注力すべきだと言いたいのです。**例えば、住宅政策がそれにあたります。

　最も重要なことは、人々が住宅のためのおカネを持てるようにすることです。それによって人々は、どこでどのように暮らすか、住宅を買うか借りるかを自分で選択できるようになります。その後で、何が必要かを判断するのは簡単なことです。もっと住宅を建てる必要があるのでしょうか。どこに建てるのでしょうか。住宅供給を減らすような規制を変える必要はないのでしょうか。それはどの規制でしょうか。精神的な健康上の問題で住居を確保できない人

たちには、さらなる援助が必要でしょうか。彼らを支援しましょう。しかし、十分なおカネを与える前に、これらのことを行うのは無駄なことです。なぜなら、**多くの人々はおカネに困っているだけなのですから**。これは、馬と馬車の順番の問題です。現状は、馬車を馬の前につないでいるようなものです。

　それは、パンデミックの中で、すべての人々のための予防策よりも、すべての人々のための病床を重視するようなものです。確かに病床は重要ですが、予防策に効果があれば、入院の必要性を大幅に減らすことができます。その結果、不要な資源利用を減らすことができるのです。

　インフレを効果的に管理するためには、政治家たちも、（需要を抑えるために）賢い増税をするか、あるいは供給志向の考え方を採用するか、状況に応じてどちらの政策が良いかを判断できるようになるべきです。例えば、マイクロチップ（半導体）の不足が価格を押し上げ、物価上昇を引き起こしている場合には、マイクロチップの供給を増やす立法を追求する方がよいのでしょうか、それとも所得を減らさせたり、増税したりすることによって、人々の購買力を減らす方がよいのでしょうか。MMTの考え方を導入した議会では、このような問題を議論して、適切な答えを出す

必要があるのです。

　今のところ、そんなことは無理な気がしませんか。議会が経済に関して賢明な決断を下すとか、なんらかの法律を通すなどということを期待できるでしょうか。2020年に政治家たちは、有権者におカネを届けることにさえ同意できず、数ヶ月を無駄にしました。経済の操縦桿^{そうじゅうかん}は、状況に応じて、必ず引かなければならない場合もあれば、絶対に動かしてはいけない場合もあります。そんなものを、政治家たちに任せられるでしょうか。現実的には、今のところ、そんなことは難しいというのが答えでしょう。しかしそのことは、本当に機能する議会を創り出すことに注力すべきだということでもあります。つまり、党派政治や過激主義を減らすための優先順位付き投票制 (RCV) や、**開かれた予備選挙**、不正な選挙区割 (ゲリマンダリング) をなくすための大選挙区制、大口献金者の影響力を抑えるための選挙運動公費助成、そして上院の議事妨害の廃止などを

*54　Fairvote, Ranked Choice Voting, https://www.fairvote.org/
*55　（訳注）米国では、選挙に出る候補者を決めるために、共和党や民主党の中で閉鎖的な予備選挙が行われています。最近では、この二大政党以外の選択肢を排除しない「開かれた予備選挙」が求められています。OPEN Primaries, https://www.openprimaries.org/
*56　FairVote, The Fair Representation Act
　　　https://www.fairvote.org/the_fair_representation_act_hh7w4yf4ag7qk9_fvjtdfq

行って、民主主義を改革することです。[*57]これによって、建国の父たちが本来意図したように、実際に多数派が法律を成立させることができるようになるのです。

　また、議会そのものをもっと効率的なものにする必要性も指摘されています。余計な議論を繰り返さないために、議会内で何かを自動化できるのであれば、そうすべきです。無駄な討論はできるだけ避けるべきです。議会の自動化の例としては、経済状況に応じて自動的に財政政策の発動・停止をおこなう**自動安定化装置 (ビルトイン・スタビライザー)** [*58]を導入することが挙げられます。2020年のことを思い出してみましょう。もし自動安定化装置が存在していたら、失業率が一定水準を超えた時点で自動的に、失業保険が増額され、毎月の景気刺激小切手の送付が始まっていたはずです。何も議論する必要などありませんでした。そして、失業率がある水準を下回ったら、それらの緊急対策は自動的に停止されていたでしょう。そうすれば、議会の時間をどれだけ節約できたでしょうか、それはみんなに

＊57　representUs, https://represent.us/
＊58　Weissmann, Jordan (2021) Key Senate Democrats Want to Keep Sending Americans Money As Long As the Economy Remains Bad, Mar. 02, 2021.
　　　https://slate.com/business/2021/03/coronavirus-relief-automatic-stabilizers-sanders-wyden-brown.html

とってどれほど良いことでだったでしょうか。

　BIもまた、それ自体が自動安定化装置となります。BIはつねに消費者需要の最低限を維持することによって不況を防ぐ一方で、仕事が途絶えた時にも収入を維持して人々を保護します。完全雇用の時には別の課税によって、ほとんどの人たちへの支給額の一部を回収し、ごく一部の人に対しては、給付金の全額を回収します。

　通貨政策の能力を強化するために、もうひとつ私が提案したいのは、連邦準備（Fed＝米国の中央銀行）が、**個人連邦準備口座を通じて、**議会の決定とは無関係に、すべての人々におカネを渡せるようにすることです。そして、経済状況に応じてその金額を設定したり、増やしたり、減らしたりできる権限を、連邦準備に与えることです。これは、デフレやインフレに対応するために通貨供給量を即座に増減させる方法なので、コロナウイルスの大流行が起こったときに存在していたら、非常に役に立ったことでしょう。また、金利調整や量的緩和を代替したり、なくしたりできたかもしれません。量的緩和などの手段で創られたおカネは、上層階級に与えられ、下層階級には行き渡らないので、不平等が拡大し、市場バブルが膨張するという問題があります。

量的緩和〔中央銀行が国債を買い上げる政策〕は、実は浴槽にお湯を注ぐもうひとつの方法です。2020年3月以来、毎月1200億ドル〔約17兆2000億円〕のマネーストックが追加されています。[59] それがFRBが住宅ローン担保証券や国債などの資産の買い上げではなく、FRBの口座を通じて毎月私たち全員に配られたとしたらどうでしょう。それは私たちがコロナ禍の時期を通じて、連邦準備から**毎月500ドル〔6万7500円〕の景気刺激手当**がもらえたことを意味するのです。[60]

＊59　Scheid, Brian (2021) Fed officials see sooner-than-expected end to $120B in monthly bond buys, *S&P Global Market Intelligence*, Jul. 7, 2021.
　　　https://www.spglobal.com/marketintelligence/en/news-insights/latest-news-headlines/fed-officials-see-sooner-than-expected-end-to-120b-in-monthly-bond-buys-65355041
＊60　（訳注）原書のままの数字です。より正確には、著者は本書の別の箇所で米国の成人人口を約2億5千万人としているので、1200億ドルを2億5千万人で割ると480ドルとなります。

結　論

　私は、新型コロナウイルスのパンデミックを経験し、そ
れによって可能となった政治的対応を目撃し、それでもこ
の大恐慌レベルの大量失業のさなかで、多くのことが実現
しなかったことを見てきました。そこから導かれた結論
は、以下のとおりです。MMTの論理が政策立案者の間で
十分な影響力を持たないかぎり、すべてのアメリカ人に対
して、完全に普遍的な支払いを行うBIは実現しそうにな
いでしょう。なぜ、このように言えるのかといえば、これ
ほどの国家非常事態の中でさえ、そしてこれまでで最も多
額の支出が行われた時でさえ、対象者を絞ることへのこだ
わりが残っていたからです。困窮の定義が、2020年には
もはや意味をなさない昔ながらの納税申告書に基づいてい
ることを私たちは知っているのに、「困窮者」だけが景気
刺激小切手を受け取るべきだという信念が残っています。
人々は、あとから税金を取れば、結果的に対象者を絞れる
という事実さえ理解できなかったのです。これでは、完全

な普遍性は達成できません。**まず人々に支払い、課税はあとですべきです。**[61]課税は、事後的におカネを取り除くことによって、望ましいターゲティングを実現するものです。しかし、それが出来なかったのは、いまだに私たちが、何かの法律を通したらどれほどのおカネが必要になるかを心配して、前もってその金額をできるだけ小さくしようとしたからです。

　MMTは、税金への見方を変えることで、考え方の劇的な転換を可能にしてくれます。MMTによって、税金は資金源ではなくなり、インフレ管理と、不平等の削減、そしてインセンティブの変更など、様々な目標を達成するためのツールになります。つまり、足し算的な考え方から、引き算的な考え方に移行するのです。それは、大きな穴を埋めるのに、一本のシャベルで何回も何回も土を入れてゆくか、あるいは、まずはどっさりと土を投げ込んで、余分な土をブルドーザーで取り除くかの違いです。課税とは、大穴が山盛り一杯になった後に、余分な土を取り除くことです。前もって、ちょうど穴に入るだけの土の量をはかるこ

---

*61 Santens, Scott, Should We Provide Emergency Universal Basic Income to Everyone or Just Those Who Need It?, *SWAMP*, https://vocal.media/theSwamp/should-we-provide-emergency-universal-basic-income-to-everyone-or-just-those-who-need-it

とではないのです。

　BIを理解するには、これと同じ引き算の考え方を用いるとよいでしょう。まず誰もがおカネを手に入れ、そして税金によって、一部の人から多めにおカネを回収します。税金は資金調達のためではなく、政策の結果を形成するためのものです。こうして、BIのためにどうやっておカネを調達するかという考えから、どんなBIを形作るのがベストなのかという考えに移行するのです。BIと組み合わせて使われる税金の種類と金額によって、税引き後のBIがプラスの人とマイナスの人が決まります。BIと税金の組み合わせによって、所得の低い人は支払う税金よりも受け取るBIの方が多くなり、所得の高い人は支払う税金よりも受け取るBIの方が少なくなるのです。

　ターゲティングは不必要な官僚主義をもたらし、困窮者を取りこぼし、恥の烙印（スティグマ）と不信感を生み、限界税率（追加的に稼いだ1ドルにかかる税率）をものすごく高くするだけです。**みんなにおカネを与えて、税金で調整しましょう。**引き算のターゲティングの手段として税制を活用すれば、さまざまな追加的な利益が新たに生まれます。炭素税はBIの「財源」ではなく、インフレの抑制と、温室効果ガスの排出削減につながるものです。付加価値税（VAT）

や自動化された一般取引税は、BIの「財源」ではなく、インフレを抑制し、最もたくさんの消費をしている人からBIを取り戻し、また消費よりも貯蓄や投資を奨励<ruby>奨励<rt>しょうれい</rt></ruby>することにつながります。地価税はBIの「財源」ではなく、インフレを抑制し、財産の不平等を削減し、さらには住宅開発のインセンティブとなり、遊休地の投機の抑制につながります。知的財産税は、BIのための「財源」ではなく、インフレの抑制と、特許権の悪用<ruby>特許権<rt>パテントトロール</rt></ruby>の防止、そして、より大きなパブリックドメイン（共有財産）の確保につながります。[62] 税金はおカネを消し、特定の選択を防ぐツールなのだと考えれば、様々な税金の選択肢がより意味を持つようになり、他方で所得に課税するような選択肢は意味を持たなくなります。

　MMTによって、「財源をどう調達するか」という問いが、「私たちはこれが重要だと判断し、それを実行できるリソースもあるので、それを実行しよう、ただし、最高の結果を得るために、効率的なリソース活用法のベストミッ

---

*62　Santens, Scott (2018) The Zombification of Intellectual Property and the Tool That Could Finally Reform It, How IP-Funded Basic Income Could Enrich the Public Domain, Basic Income, Nov. 12, 2018. https://medium.com/basic-income/the-zombification-of-intellectual-property-and-the-tool-that-could-finally-reform-it-2ec037309837

クスは何だろうか」という問いに変わるのです。私たちは連邦レベルで、やるべき事にいくらおカネがかかるのかと考えるのをやめるべきです。やるべき事なら、できることなら、やるべきなのです。そしてその後に、私たちを中心に経済が回るように管理するのです。経済とは、私たちのためにあるものです。私たちが中心です。経済が中心なのではありません。**私たちが実際にできることの限界は、物理的な生産能力（キャパシティ）によって決まるのであって、おカネと呼ばれる拵（こしら）え物によって決まるのではありません。**

　私は、このような発想の転換が、新しいタイプの、**人間中心の、リソースに基づく経済への**扉を開くものだと考えます。これを出発点として、そもそも経済の目的とは何なのかという、より深い問いが生まれるのです。そもそもおカネの目的とは何なのでしょうか。なぜ私たちは様々な技術を開発したのでしょうか。私たちが共に創り出した経済を、私たち全員のために機能させるべきではないでしょうか。人間の幸福を最大化し、生態系への悪影響を最小化し、全ての人間が生きられるようにすべきではないでしょうか。そして、経済なるものは、すべての人間の自由と尊厳を確保する、人権という基盤の上に築（きず）かれるべきものではないでしょうか。

結論として、私たちにはMMTとBIの両方が必要であり、またMMTとBIもお互いを必要としているのだ、と申し上げたいです。MMTが、利用可能なリソースを最適な形で利用するためにBIを必要とする一方で、BIは完全な普遍性を達成するために、また、おカネをどう賄うかという問題から、最適税制の設計という問題に移行するために、MMTを必要とするのです。BIがなくて、MMTのいうようにJGがあるだけでは、リソースの最適配分がなされず、需要と内発的動機が損なわれ、潜在的なトータルの生産性が低下します。MMTがなければ、BIは恥の烙印とは無縁の「権利」とみなされる可能性は低く、資力調査に基づく（したがって普遍的でないことによるあらゆる問題を抱えた）景気刺激小切手のようなものとして、実施されるにとどまる可能性が高くなります。

　今後は、BIに「財源がある」ことよりも、BIをどのように進めていくのがベストなのかを伝えてゆきたいと思います。私たちの経済キャパシティをフル活用すれば、給付できるBIの最高額はいくらなのでしょうか。経済キャパシティを超えないようにインフレを管理するには、税金も含め、どんな方法（を組み合わせること）が最適なのでしょうか。インフレの逆進性から、低所得者や、収入が固定され

ている人々を守りながらも、供給側でどんな投資が必要なのかを判断するツールとして価格の上昇そのものを活用できないでしょうか。最適なBIの実施方法を設計する際には、その一環として所得税を削減あるいは廃止し、望しくないものに対する課税を組み合わせることはできないでしょうか。**さらには、おカネや課税、そして政府に対する人々の見方を、もっとビジョンのある、もっと分断を起こさないものに変えることはできないでしょうか。**

　私は、可能だと思っています。もしあなたがまだ同意できないのなら、次はステファニー・ケルトンさんの『財政赤字の神話』を読んで下さい。また、よりよく機能する社会を建設し、繁栄するより良い未来のために、その基礎としてBIがいかに重要なものかを理解していただくために、私が書いたものを読んで下さい。[63]

　私たちは、もっと良い社会を実現できます。それはMMTとBIによって始まるのです。

＊63 Santens, Scott (2016) A Guide to Basic Income: Frequently Asked Questions about BI, BI Guide, Apr. 26, 2016.
https://www.scottsantens.com/basic-income-faq/

翻 訳 者 あ と が き

　現代貨幣理論 (MMT) という考えかたが日本に上陸したの
は、まだコロナ禍が始まる前の2019年の事です。反緊縮（積
極財政）の経済政策に取り組んでいた私は、MMTなる学説の
名前を耳にして、友人の松尾匡さんにこれの標準的なテキス
トは何かを尋ねました。そして教えてもらった、ランダル・
レイ教授のModern Money Theory (Palgrave Macmillian,
2015) を読み、その解説を書きました。[*1] 2019年と言えば、
日本では秋に消費税の10%への増税が控えていました。こ
のような増税を否定し、デフレ脱却に向けたさらなる積極財
政政策の理論的支柱になりうるMMTに、経済学者や評論家
たちだけでなく、一般の人々の注目も集まりました。レイ教
授の本はその年の9月に『MMT現代貨幣理論入門』（東洋経済
新報社刊）として邦訳が刊行され、翌年秋にはステファニー・
ケルトン教授の『財政赤字の神話』（早川書房刊）も翻訳出版さ
れました。日本人による解説書もいくつか刊行されました。[*2]

---

*1　朴勝俊 (2019)「MMTとは何か —— L. Randall WrayのModern Money Theoryの
　　要点」ひとびとの経済政策研究会HP、https://economicpolicy.jp/2019/05/
　　04/1164/
*2　例えば、井上智洋 (2019)『MMT 現代貨幣理論とは何か』講談社選書メチエ、あ
　　るいは望月慎 (2020)『図解入門ビジネス 最新MMT [現代貨幣理論] がよくわか
　　る本』秀和システム、を参照。

知識が書物で日本にやって来ただけでなく、MMTの創始者ご本人が直々に日本に来られたのが、その2019年の11月でした。オーストラリアのビル・ミッチェル教授が京都に来られた時の研究会（11月14日）で、松尾匡さんとならんで私もパネラーとして出演しました。MMTは経済を正しく見るレンズに喩えられます。貨幣と財政の本質を正しく見るための、クリアでシャープなMMTのレンズに興奮していた私は、ミッチェル教授に初対面した時に「私はすでに80％のMMTer^{エムエムター}です」と思いを伝えました（MMTerとは、MMT派の経済研究者のことです）。するとミッチェル教授は「あなたは100％のMMTerになるだろう」とおっしゃいました。結果的には、私がMMTerになることはありませんでした。その主な理由は、私がベーシックインカム（BI）の支持者だったことです。

　BIは、個人の職業や生活状況を詮索することなく、全ての人々に現金を支給するものですから、「本当におカネを必要としている人々」の全員に、確かにおカネを届けることができる理にかなった政策です。海外のベーシックインカム論者の書物が日本に紹介されたのは、MMTよりも若干早く、ルトガー・ブレグマン氏の『隷属なき道』（文藝春秋刊）が2017年で、ガイ・スタンディング教授の『ベーシックインカムへの道』（プレジデント社刊）が2018年でした。1人当たりの金額をどうするのか、財源をどうするのか、ということはBIにとっては最大の難問の一つです。例えば、月額7万円を12ヶ

月、1億2500万人に配るには、毎年105兆円の「財源」が必要です。しかし、まずおカネを創出して、あとで課税するというMMTの考え方に依拠すれば、大きな前進が見られるはずです。

　上述の研究会で、ミッチェル教授と意見交換をしたとき、論点のひとつはBIと雇用保証（JG）に関連するものとなりました。JGは失業者に政府が仕事を与える政策ですが、これも失業者に「的を絞った」政策であり、政府が認める形で時間的に拘束されない限りおカネを渡しません。これでは、失業者というわけではないけれども生活が苦しい人たち（例えば、勉強時間の必要な学生や、子育てや介護をすべき家族がいる人々、自営業の人々など）の苦境を救うことはできません。しかし教授のご発言からは、アマチュア音楽家やサーファーまでJGの適用対象をゆるくゆるく拡大させながらも、絶対にBIは許容しないという意志のようなものを感じました。

　他のMMT派も、推奨すべき社会政策の提案としてJGを推します。上記のレイ教授やケルトン教授の本を見ても、BIを推奨する議論は全くありません。レイ教授の本（日本語版）には、「MMTの教義の大部分は誰でも取り入れることができる。その政策規範に同意することなく、単にMMTの説明的な部分を利用したいならば、それも可能である。MMTの説明は政策立案のための枠組みを提供するが、政府が何をすべきかに関しては意見を異にする余地がある（p.482）」と書か

れています。しかし実際には、MMT仲間であるためには、JGに反対してはならない、BIに賛成してはいけない、そのような不文律があるようです。

　こういうわけで私自身は、MMTから感銘を受け、多くを学びながらも、JGの「万能性」に疑問を呈し、BIを支持するという意味で、自分をMMT派ではない何かと位置づけています。

　そんな中で、スコット・サンテンスさんが書かれた本書は、私にとっては目をみはるものでした。極めて少ないページ数で、MMTを肯定的に把握し、その本質を平易な言葉で解き明かしながら、MMTがJGを進めるうえでもBIが必要だ、という独特の立論をしているためです。

　サンテンスさんは、どこかの大学に属する研究者ではありませんが、2013年からベーシックインカムの研究を始め、その推進論を平易な言葉で広めてこられた方です。アメリカ大統領選挙に立候補したアンドリュー・ヤン氏[3]の、BIの考え方を形成するのに貢献した一人として認められています。2016年から「パトレオン」という名の、創作家を支援するプラットフォームで基礎所得を得て、フルタイムでBIの研究に集中しました。現在はHumanity Forwardのシニアアド

---

*3　アンドリュー・ヤン氏の自伝は、『普通の人々の戦い AIが奪う労働・人道資本主義・ユニバーサルベーシックインカムの未来へ』（早川健治訳、那須里山舎刊）として翻訳されています。

バイザーであり、Gerald Huff Fund for Humanityの理事や、日刊のBasic Income Todayの編集者としても活動しています。

　本書はとても平易なので、ここで私が要点を説明するようなことはしません。この本を手にとって、訳者あとがきから読み始めた方は、ぜひ最初から読んでみてください。最後まで読むのに、そんなに時間はかからないでしょう。そして、読み終えた頃には、経済に対する見方や、経済学に対する見方、それに、MMTに対する見方も一変していることでしょう。そして、BIやMMTについてさらに学びを進めたければ、この「あとがき」で紹介した書物を紐解いてみてください。また、本文に書かれた事実を検証したい場合には、脚注に示された英文の書誌をネット検索でたどって、自動翻訳（DeepLなど）にかけて、読んでみてください。

　現在の日本経済をめぐる閉塞感は、主に、経済が回復しないことと、底辺層から中間層の人々の所得が増えないことから来ています。MMTとBIとJGは、これを打破する重要なキーワードになりえます。これらに対する理解を深めて下さる方々が、一人でも増えるように、私の翻訳がお役に立てれば何よりです。

朴 勝俊

2022年11月6日

スコット・サンテンス
Scott Santens

2013年から無条件・個人単位の所得保障であるユニバーサ
ル・ベーシックインカム (UBI) の概念を提唱・研究し、2016
年からはクラウドファンディングによるベーシックインカムを
実践し、ベーシックインカムで生活する。サンテンスの研究は、
元米国大統領候補のアンドリュー・ヤンに影響を与え、ヤンの
ベーシックインカム政策立案に貢献した。現在、ヒューマニ
ティー・フォワードのシニア・アドバイザーおよびジェラルド・ハ
フ・ファンド・フォー・ヒューマニティー理事。UBIに関するニュー
スを毎日配信する Basic Income Today の編集者。現在、
米国ニューオリンズに在住。
ウェブサイト https://www.scottsantens.com/

朴 勝俊
Seun-Joon Park

1974年生まれ。関西学院大学総合政策学部教授。専門は環
境経済学、環境政策。神戸大学大学院経済学研究科卒 (博士・
経済学)。著書『環境税制改革の「二重の配当」』(晃洋書房)、
『脱原発で地元経済は破綻しない』(高文研) など。共著に『脱
「原発・温暖化」の経済学』(明日香壽川との共著、中央経済
社)、『財政破綻論の誤り』(シェイブテイルとの共著、青灯社)。
翻訳書にヤニス・バルファキス著『黒い匣』(共訳、明石書店)、
ジョン・マクドネル編『99%のための経済学』(共訳、堀之内出
版)、ヴァルシニ・プラカシュ、ギド・ジルジェンティ編著『グリー
ン・ニューディールを勝ち取れ』(共訳、那須里山舎) などがある。
ウェブサイト https://green-new-deal.jimdofree.com/

ベーシック　　現代貨幣理論
インカム × M M T
でお金を配ろう
誰ひとり取り残さない経済のために

2023年3月10日　初版第一刷発行

著　者　スコット・サンテンス
訳　者　朴　勝俊
発行所　株式会社那須里山舎
発行者　白崎一裕
〒324-0235 栃木県大田原市堀之内625-24
電話 0287-47-7620
fax 0287-54-4824
https://www.nasu-satoyamasya.com/
印刷・製本　株式会社シナノパブリッシングプレス

普通の人々の戦い

AIが奪う労働・人道資本主義・
ユニバーサルベーシックインカムの
未来へ

アンドリュー・ヤン 著
早川健治 訳　3200円+税

国民一人当たり1000ドルを配るベーシックインカムで政治と社会を変える。起業家、社会活動家、政治家として社会の困難を解決するアンドリュー・ヤンの新政治宣言

グローバル・ミノタウロス
世界牛魔人

米国、欧州、そして世界経済のゆくえ

ヤニス・バルファキス 著
早川健治 訳　2400円+税

世界を覆う陰鬱な空にバルファキスが描いて見せた「キャピタリズム歴史絵巻」この炯眼は無視できない　このリーダビリティには逆らえない　ブレイディみかこさん推薦

負債の網

お金の闘争史・そしてお金の
呪縛から自由になるために

エレン・ブラウン 著
早川健治 訳　4800円+税

現在の通貨制度が銀行利子付き負債により翻弄されていることを批判して、公的な政府発行通貨による経済社会構造の転換を呼びかける革命的提言書

グリーン・ニューディールを勝ち取れ

気候危機、貧困、差別に立ち向かう
サンライズ・ムーブメント

ヴァルシニ・プラカシュ
ギド・ジルジェンティ 編著
朴勝俊ほか 訳　2400円+税

サンライズによって全米の若者が気候変動対策とグリーン・ニューディールのために立ち上がった。次は日本だ。環境政策学者 明日香壽川さん推薦

気候危機とグローバル・グリーンニューディール

ノーム・チョムスキー＆
ロバート・ポーリン 共著

早川健治 訳　2200円+税

気候危機は解決できる。世界的思想家ノーム・チョムスキーと、世界最大の再エネ投資計画をオバマ政権下で監督したロバート・ポーリンが、気候危機を公正に解決するための「グローバル・グリーンニューディール」構想を語り尽くす。